Grupo

Vocês estão conversando com outros colegas sobre o que vão fazer nas férias de verão. Façam, ao menos, quatro comentários para manter uma conversa sobre esse assunto.

Grupo

Uma colega diz: "Vou comemorar meu aniversário no fim de semana".
Façam, ao menos, quatro perguntas ou comentários para manter uma conversa com ela sobre esse assunto.

Grupo

Vocês encontram o colega Antônio na rua.
O que poderiam dizer para iniciar e manter uma conversa com ele durante um tempo?

R: Cumprimentar e fazer algum comentário ou pergunta.

Grupo

Vocês encontram um colega ou uma colega de aula na companhia de um amigo que vocês não conhecem.
Como poderiam se apresentar nessa situação?

R: Cumprimentando e cada um se apresentando: "Oi, meu nome é... E o seu?".

Grupo

Vocês estão no recreio junto com outros colegas de aula; no período seguinte, vocês têm uma prova e conversam sobre o assunto.
Façam, ao menos, cinco perguntas ou comentários para manter a conversa sobre esse assunto.

Grupo

Vocês estão conversando na saída da escola. Vocês estão se divertindo muito, mas precisam ir para casa. Inventem um diálogo no qual tenham que encerrar a conversa e despedir-se.

Grupo

Um grupo de amigos e amigas está conversando e um deles, Pedro, precisa ir embora.
Como Pedro poderia encerrar a conversa?

R: Pedro poderia encerrar a conversa dizendo: "Pessoal, preciso ir para casa. Mas nos vemos na aula. Até amanhã".

Grupo

Uma colega nova, vinda de outro país, chegou na turma de vocês.
O que diriam para iniciar e manter uma conversa com ela?

R: Cumprimentar e cada um se apresentar: "Oi, meu nome é... E o seu?". Para manter a conversa, fazer algum comentário ou pergunta a ela.

Grupo

Vocês se encontram com Maria, uma colega que fazia muito tempo que não viam porque mudou de escola, e querem saber como vão as coisas. O que diriam para iniciar e manter uma conversa com ela?

R: Iniciamos a conversa cumprimentando e perguntando a ela como vão as coisas, e mantemos a conversa fazendo algum comentário ou pergunta a ela.

Grupo

Júlia, uma colega de turma, sai da sala de aula dizendo: "Finalmente terminei a prova".
Cada membro do grupo precisa formular, ao menos, uma possível pergunta ou comentário que possa fazer à colega para manter uma conversa com ela sobre esse assunto.

R: 1. "De que matéria era a prova?"; 2. "Como você se saiu na prova?"; 3. "A prova estava difícil?"; 4. "Eu tirei nota máxima na última prova".

Nota: Serão aceitas outras respostas similares.

Grupo

No recreio, uma colega está bastante aflita e sozinha. Proponham, ao menos, três comentários ou perguntas que poderiam fazer para manter a conversa com ela.

R: 1. "Aconteceu alguma coisa?"; 2. "Não se preocupe, tenho certeza de que logo vai passar"; 3. "Posso ajudar você com alguma coisa?"; 4. "Acho que é por causa da prova. Vão brigar com você em casa?".

Nota: Serão aceitas outras respostas similares.

Grupo

Fernanda, uma colega de turma, diz: "Hoje não me sinto bem".
Cada membro do grupo deve formular, ao menos, uma possível pergunta ou comentário que possa ser feito à colega para manter uma conversa com ela sobre esse assunto.

Grupo

A professora diz: "Amanhã temos prova de História". Cada membro do grupo deverá formular, ao menos, uma possível pergunta ou comentário que se possa fazer à professora para manter uma conversa com ela sobre esse assunto.

R: 1. "Podemos fazer uma revisão agora?"; 2. "Quantas questões vai ter a prova?"; 3. "Tenho algumas dúvidas sobre a prova; podemos vê-las?"; 4. "Eu já estudei".

Nota: Serão aceitas outras respostas similares.

Grupo

Vocês podem manter a conversa com um grupo de pessoas...

a) escutando o que dizem e fazendo algum comentário.
b) fazendo perguntas e respondendo as dos demais.
c) as duas alternativas anteriores estão corretas.

R: "c".

Grupo

Gabriel, um colega de turma, diz: "Quero que o fim de semana chegue logo".

Cada membro do grupo precisa formular, ao menos, uma possível pergunta ou comentário que possa ser feito ao colega para manter uma conversa com ele sobre esse assunto.

R: 1. "O que você vai fazer no fim de semana?"; 2. "Eu também quero que o fim de semana chegue logo"; 3. "Por que você quer que o fim de semana chegue logo?"; 4. "Normal que você queira que o fim de semana chegue logo, pois vai receber um monte de presentes de aniversário".

Nota: Serão aceitas outras respostas similares.

Grupo

Qual das seguintes afirmações é verdadeira?

a) Em uma conversa, o importante não é escutar, e sim falar.
b) Quando se está conversando, não é necessário considerar o olhar.
c) Ao participar de uma conversa, você tem a oportunidade de contar aos demais as coisas de que você gosta e aprender coisas interessantes que não sabia.
d) Todas as alternativas anteriores são verdadeiras.

R: "c".

Grupo

Encerrar uma conversa com um grupo de pessoas de forma amistosa é bom porque...

a) provavelmente, no futuro, vão querer que vocês participem de suas conversas.
b) vocês poderão entender por que uma pessoa se sente bem ou mal.
c) as duas alternativas anteriores estão corretas.

R: "a".

Individual

Quando você encerra uma conversa...

a) é bom fazer isso o mais rápido possível.
b) é bom fazer os outros saberem que você gostou da conversa e da companhia.
c) nenhuma das alternativas anteriores.

R: "b".

Individual

Para mudar o assunto de uma conversa em grupo, o correto é...

a) mudar quando tiver vontade sem considerar nada, para que seja algo natural.
b) esperar até que a conversa sobre esse assunto se aproxime do fim e, então, começar um novo assunto.
c) "a" e "b" são verdadeiras.

R: "b".

Individual

Conversar com outros serve para...

a) aprender coisas com os demais.
b) conhecer outras pessoas.
c) fazer amigos e passar um tempo compartilhando nossas ideias e interesses com os demais.
d) todas as anteriores.

R: "d".

Individual

Para manter uma conversa corretamente, devo...

a) falar muito.
b) somente escutar.
c) às vezes falar, às vezes escutar.
d) nenhuma das alternativas anteriores é verdadeira.

R: "c".

Individual

Qual das seguintes afirmativas é verdadeira?

a) Em uma conversa, o mais importante é falar qualquer coisa para que não haja silêncios.
b) Quando se participa em uma conversa, você tem a oportunidade de contar aos demais as coisas de que você gosta e aprender coisas interessantes que você não sabia.
c) Todas as alternativas anteriores são verdadeiras.

R: "b".

Individual

Você tem uma colega muito tímida, que está quase sempre sozinha porque não sabe se relacionar com os demais. Você deveria...

a) deixá-la sozinha, pois ela precisa aprender a se defender.
b) aproximar-se dela e ajudá-la a se relacionar com outros colegas.
c) dizer à professora para que resolva o problema.
d) todas as alternativas anteriores são falsas.

R: "b".

Individual

Sua colega diz a você: "Na semana que vem é o aniversário da minha avó".

Formule, ao menos, duas possíveis perguntas ou comentários que você possa fazer à sua colega para manter uma conversa com ela.

R: 1. "Quantos anos sua avó vai fazer?"; 2. "Minha avó também vai fazer aniversário logo".

Nota: Serão aceitas outras respostas similares.

Individual

Seu colega diz a você: "Ninguém quer fazer dupla comigo nas aulas de Educação Física". Formule, ao menos, duas possíveis perguntas ou comentários que você possa fazer ao seu colega para manter uma conversa com ele.

R: 1. "Você já falou com o professor de Educação Física?";
2. "Nossa! Não tinha me dado conta, sempre fico com a Sofia".

Nota: Serão aceitas outras respostas similares.

Individual

Artur tem problemas para relacionar-se com os outros colegas de turma, exceto com você.
Como você poderia ajudá-lo?

a) Deixando-o sozinho para que assim se anime a falar com os outros colegas.
b) Aproximá-lo do seu grupo de amigos para integrá-lo.
c) As duas alternativas anteriores estão certas.

R: "b".

Individual

Você está conversando com Isabel e quer ir embora porque seu amigo Samuel está esperando você.
Como você encerraria essa conversa corretamente?

R: "Sinto muito, preciso ir, o Samuel está me esperando. Em outro momento continuamos conversando".

Nota: Serão aceitas outras respostas similares.

Individual

Júlio, um colega de turma, comenta no recreio: "Se amanhã continuar chovendo, não poderemos jogar futebol".
Formule, ao menos, três possíveis perguntas ou comentários que possam ser feitos ao colega para manter uma conversa sobre esse assunto.

R: 1. "Suponho que você esteja desejando que pare de chover";
2. "Que horas você tem jogo de futebol?"; 3. "Pode ficar tranquilo, minha mãe viu as notícias e me disse que amanhã não chove".

Nota: Serão aceitas outras respostas similares.

Individual

Patrícia, uma colega de turma, comenta: "Eu gostei da nova série que estreou ontem na televisão". Formule, ao menos, duas possíveis perguntas ou comentários que possam ser feitos à colega para manter uma conversa com ela sobre esse assunto.

R: 1. "Qual é o nome da série?"; 2. "Eu também vi e gostei muito".

Nota: Serão aceitas outras respostas similares.

Individual

Você está conversando com uma colega, mas precisa se despedir para não chegar tarde à aula. Como encerraria corretamente essa conversa?

R: "Adoraria continuar conversando, mas tenho que ir para não chegar tarde à aula. Poderíamos nos ver depois?".

Nota: Serão aceitas outras respostas similares.

Individual

Você sai da escola e encontra um amigo que começa a falar sem parar, mas é tarde e você precisa ir. Como encerraria corretamente essa conversa?

R: "Me desculpe, mas preciso ir. Fico muito feliz por ter encontrado você".

Nota: Serão aceitas outras respostas similares.

Individual

Na sua turma há um colega muito tímido. De que formas podemos ajudá-lo?

a) De maneira nenhuma. A timidez é um problema que somente ele pode resolver.
b) Seus pais e o professor são os únicos que podem ajudá-lo.
c) É possível ajudá-lo de muitas maneiras. Por exemplo, iniciando uma conversa com ele.
d) Insistindo para que fale com os colegas.

R: "c".

Grupo

Ao receber uma crítica bem-intencionada, a maneira mais adequada de responder seria...

a) aproveitar a ocasião para fazer outra crítica que estava pendente.
b) negar a crítica porque "eu nunca me engano".
c) aceitar a crítica sem avaliar se ela é verdadeira ou não.
d) nenhuma das alternativas anteriores é adequada.

R: "d".

Grupo

Que diferença existe entre as críticas mal-intencionadas e as bem-intencionadas?

Citem, ao menos, duas diferenças.

R: 1. As críticas bem-intencionadas são expressas com o objetivo de resolver problemas, e as mal-intencionadas para causar dano;
2. As críticas bem-intencionadas devem ser expressas, e as mal-intencionadas não devem ser expressas.

Nota: Serão aceitas outras respostas similares.

Grupo

Por que não é aconselhável expressar críticas mal-intencionadas aos demais?

Digam, ao menos, três razões.

R: 1. Porque deteriora a relação com os demais; 2. Porque fazemos a pessoa a quem expressamos a crítica se sentir mal; 3. Porque pode nos fazer entrar em uma briga.

Nota: Serão aceitas outras respostas similares.

Grupo

Um amigo diz a você: "Você está pegando pesado com Bruno. Você não para de zombar dele". Seu amigo tem razão. Que tipo de crítica você está recebendo? Como poderíamos responder a essa crítica?

a) É uma crítica bem-intencionada e aceito minha responsabilidade sobre o que ele me diz.
b) É uma crítica mal-intencionada e responderia com indiferença.
c) É uma crítica bem-intencionada e poderia responder ao meu amigo convencendo-o de que tenho motivos para mexer com Bruno.

R: "a".

Grupo

Por que é aconselhável expressar as críticas bem-intencionadas? Digam, ao menos, três razões.

R: 1. Tentamos mudar uma situação que nos incomoda; 2. Expressamos aos demais o que não gostamos; 3. Evitamos guardar sentimentos negativos.

Nota: Serão aceitas outras respostas similares.

Grupo

O que pode acontecer se expressamos uma crítica de forma agressiva? Digam, ao menos, três inconvenientes.

R: 1. Magoamos a outra pessoa; 2. Podemos entrar em uma briga; 3. Podemos romper a relação com essa pessoa.

Nota: Serão aceitas outras respostas similares.

Grupo

Que fórmula poderíamos considerar quando temos que expressar uma crítica?

R: Mensagem positiva + Sentimento negativo + Solicitação de mudança.

Grupo

Estamos observando como dois colegas de turma aproveitam quando não há professores na sala para aproximar-se de Caio e humilhá-lo com qualquer piada. O que podemos fazer para que essa situação não aconteça mais? Citem, ao menos, quatro comportamentos que poderiam ajudar Caio.

R: 1. Apoiar Caio não o deixando sozinho; 2. Expressar uma crítica aos dois colegas; 3. Informar um professor sobre o que está acontecendo; 4. Proteger Caio opondo-se aos seus dois agressores.

Nota: Serão aceitas outras respostas similares.

Grupo

Pablo é um menino imigrante. Gustavo, Enzo e Gabriela o provocam durante o recreio. Pablo se sente muito sozinho porque na maioria das vezes há risadas coletivas dos que estão em volta. Quem são os responsáveis por essa ofensa?

a) Pablo, por não ser corajoso e enfrentá-los.
b) Gustavo, Enzo e Gabriela e todas as testemunhas que riem.
c) Gustavo, Enzo e Gabriela; os demais somente estão rindo, não fazem mal a ninguém.
d) Os professores, que dever am estar mais atentos.

R: "b".

Grupo

Me incomoda que eu tenha de sentar em sala de aula ao lado de um colega de outra etnia. 1. Se eu digo ao meu colega o que me incomoda, seria uma crítica bem-intencionada ou mal-intencionada? 2. Devo expressar essa crítica? 3. Por quê?

R: 1. Mal-intencionada; 2. Não; 3. Porque as críticas mal-intencionadas não resolvem problemas, apenas pioram as relações. E não é um problema que alguém seja de outra raça.

Grupo

Me magoa que minha amiga me chame para ir à sua casa somente quando quer que eu a ajude com algum trabalho de aula. 1. Se eu dissesse à minha amiga o que me incomoda, seria uma crítica bem-intencionada ou mal-intencionada? 2. Devo expressar essa crítica? 3. Como poderia expressá-la?

R: 1. Bem-intencionada; 2. Sim; 3. "Você sabe que é uma boa amiga, mas me magoa que só me chame para ir à sua casa quando precisa da minha ajuda; gostaria que também me chamasse para fazer outras coisas".

Nota: Serão aceitas outras respostas similares.

Grupo

O que pode acontecer se alguém os insultar e vocês responderem devolvendo o insulto? Citem, ao menos, três inconvenientes.

R: 1. Nosso comportamento pode nos levar a uma briga; 2. Vamos nos sentir mal; 3. Não resolvemos o problema que temos com essa pessoa, e só o pioramos.

Nota: Serão aceitas outras respostas similares.

Grupo

Um colega de turma chama você de "fedido" cada vez que passa ao seu lado. Que tipo de crítica você está recebendo? O que você poderia dizer para lidar com a crítica corretamente?

R: 1. Crítica mal-intencionada; 2. "Tanto faz o que você diz, sei que não sou um 'fedido'".

Nota: Serão aceitas outras respostas similares.

Grupo

Uma colega de aula lhe disse que não se dá muito bem com você, mas você não sabe por quê. 1. Que tipo de crítica você está recebendo? 2. O que você poderia dizer a ela para lidar com a crítica corretamente?

R: 1. Crítica duvidosa ou mal-expressa; 2. "Por que você não se dá bem comigo? Fiz algo que incomodou você?".

Nota: Serão aceitas outras respostas similares.

Grupo

Alguns colegas de turma disseram a Bianca que ela é a mais feia da sala. 1. Que tipo de crítica ela está recebendo? 2. O que Bianca poderia dizer para lidar com a crítica corretamente?

R: 1. Crítica mal-intencionada; 2. "Eu gosto de mim como sou; a opinião de vocês não me interessa".

Nota: Serão aceitas outras respostas similares.

Grupo

Sempre que Aline se aproxima da minha mesa, ela pisa na minha mochila de propósito. O que eu poderia fazer?

a) Dizer a ela que isso me incomoda; caso ela não dê importância, contar ao professor.
b) Empurrá-la e ir até o lugar dela para pisar na sua mochila, pois assim isso não voltará a se repetir.
c) O melhor é ficar quieto para não criar problemas com ela. De qualquer forma, é só uma mochila!

R: "a".

Grupo

Valentina recebeu um e-mail anônimo com ameaças e insultos. Vocês sabem quem foi, porque são duas amigas suas. Qual seria a resposta mais adequada?

a) O melhor é não se meter com esse problema, visto que não nos afeta diretamente.
b) Seríamos péssimos amigos se contássemos à Valentina.
c) Não ficar calados.
d) Contar a um adulto seria uma acusação de mau gosto para as duas amigas.

R: "c".

Grupo

Em um grupo de uma rede social do qual vocês participam, dois colegas compartilham uma foto editada de outro colega com a intenção de humilhá-lo e rir dele. Como vocês podem responder para fazer esses meninos verem que estão fazendo algo errado? Formulem, ao menos, quatro soluções.

R: 1. Não participar da provocação; 2. Expressar uma crítica aos dois colegas que compartilharam a foto; 3. Dizer ao colega objeto da piada o que está acontecendo; 4. Contar a algum adulto.

Nota: Serão aceitas outras respostas similares.

Grupo

João e Cecília comentam que Alice, uma colega de turma, é má pessoa porque fala mal de suas outras colegas. Criam um grupo em uma rede social sem ela e aproveitam para insultá-la por seu comportamento. Digam, ao menos, três razões pelas quais João, Cecília e o grupo não responderam adequadamente.

R: 1. Criar um grupo excluindo uma colega; 2. Utilizar o grupo para insultar e ofender; 3. Se Alice fez algo que possa incomodar alguém, essa pessoa ou pessoas devem falar com ela (expressar uma crítica bem-intencionada), já que poderia ser apenas um rumor.

Nota: Serão aceitas outras respostas similares.

Grupo

Rafael e Bruna mexeram com Francisco diante dos outros colegas o chamando de "Fracote! Doente!". Francisco magoou-se e ficou quieto. Como os colegas que testemunham a situação poderiam responder?

a) Não deveriam se meter nesse problema porque não os afeta.
b) Seguir a brincadeira de Rafael e Bruna, visto que "é uma piada" e Francisco tem que aprender a aceitar.
c) Mostrar a Rafael e Bruna seu desagrado diante da forma como tratam Francisco.

R: "c".

Individual

Um amigo incluiu você em um grupo de uma rede social para participar de insultos, provocações e humilhações a outros colegas de turma. Qual seria o comportamento correto?

a) Posso ficar no grupo, mas não participar nele.
b) Sair do grupo e comentar com um adulto.
c) As duas alternativas anteriores seriam corretas.

R: "b".

Grupo

Vocês ficam sabendo que um estudante da sua escola tem um perfil em uma rede social com muitos seguidores, no qual coloca montagens fotográficas de diferentes colegas da escola de biquíni e maiô. Citem, ao menos, três comportamentos corretos que poderiam ser colocados em prática nessa situação.

R: 1. Não entrar no perfil desse estudante em sinal de desaprovação; 2. Expressar uma crítica ao colega dessa rede social, com o objetivo de mostrar a ele seu desacordo; 3. Alertar algum adulto.

Individual

Você está discutindo com seu amigo e, para sua surpresa, ele diz que você é muito egoísta. Que opção seria a mais correta no momento de receber essa crítica?

a) Perguntar a ele por que pensou isso.
b) Fazer de conta que não ouviu nada.
c) Ficar chateado com ele por dizer isso a você.
d) Contar diretamente ao professor.

R: "a".

Individual

Qual lhe parece ser a forma mais adequada de fazer uma crítica a um amigo seu que o magoou?

a) O melhor é ficar quieto e não falar nada para que não se aborreça comigo.
b) "Sabe, fiquei magoado com o que você disse ontem sobre mim. Por que você disse aquilo?"
c) "Nunca mais vou falar com você."

R: "b".

Individual

Uma colega de turma lhe disse que você é um chato, mas você não sabe por quê.
1. Que tipo de crítica você está recebendo?
2. O que você poderia dizer a ela para lidar com a crítica corretamente?

R: 1. Crítica duvidosa ou mal-expressa. 2. "Por que você diz que sou chato?".

Individual

Uma colega de turma debocha de você cada vez que você tira uma nota ruim e isso o incomoda.
1. É aconselhável expressar a ela uma crítica?
2. Como você a expressaria?

R: 1. Sim; 2. "Você é uma boa colega, mas me incomoda que ria de mim quando tiro notas baixas. Poderia parar de fazer isso?".

Individual

Você tem uma colega que não é boa nos esportes.
1. É aconselhável expressar uma crítica a ela?
2. Por quê?

R: 1. Não; 2. Porque é uma crítica mal-intencionada que, se expressa, fará com que minha amiga se sinta mal.
Nota: Serão aceitas outras respostas similares.

Individual

Um vizinho do bairro ri de você por ser pobre.
1. Que tipo de crítica você está recebendo?
2. O que você poderia fazer para lidar com a crítica corretamente?

R: 1. Crítica mal-intencionada; 2. "Não há nenhum problema em ser pobre".
Nota: Serão aceitas outras respostas similares.

Individual

Um amigo lhe diz, aborrecido, que não quer saber de você. Você não sabe por quê. 1. Que tipo de crítica você está recebendo? 2. O que você poderia dizer a ele para lidar com a crítica corretamente?

R: 1. Crítica duvidosa ou mal-expressa; 2. "Por que você está me dizendo isso? Fiz algo que incomodou você?".

Individual

Você tem uma colega de turma que parece chata, porque nunca diz coisas interessantes. 1. É aconselhável expressar uma crítica a ela? 2. Por quê?

R: 1. Não; 2. É preciso ser muito seletivo com as críticas e expressar somente as que são de fato importantes, que resolvam problemas, e este não parece ser o caso aqui.

Nota: Serão aceitas outras respostas similares.

Individual

Milena, Leonardo e Daniela zombam de Ana no refeitório por causa do seu peso. Ana já lhes pediu várias vezes que a deixassem em paz, mas eles continuam com a importunação. Como os colegas de Ana poderiam responder?

a) Deveriam avisar um adulto sobre o que está acontecendo.
b) Dar apoio a Ana e mostrar a Milena, Leonardo e Daniela que eles estão agindo mal.
c) Não deveriam se meter nesse problema.
d) "a" e "b" são adequadas.

R: "d".

Individual

Uma colega de aula ofende, com frequência, uma amiga sua por ter pouca estatura, chamando-a de "nanica" ou "pulga". Como sua amiga poderia responder?

a) Ficar longe da colega para não ter que vê-la e assim livrar-se do problema.
b) Dizer a ela algo como: "E daí que eu sou baixinha? O que você tem a ver com isso?".
c) Aborrecer-se com a colega por causa do que ela disse.

R: "b".

Grupo

Cada participante do grupo, sem ajuda dos colegas, tem que expressar usando mímica um elogio a algum colega de turma.

Grupo

Citem, ao menos, duas razões pelas quais é importante fazer elogios aos demais.

R: 1. Os demais se sentem bem ao ouvir expressões positivas e sinceras; 2. Contribui para melhorar e manter as relações com os demais.

Nota: Serão aceitas outras respostas similares.

Grupo

Cada participante do grupo, sem ajuda dos colegas, tem que expressar usando mímica um elogio a algum colega com uma roupa legal.

Grupo

Um elogio...

a) é a capacidade de reagir de forma positiva e sincera diante dos demais.
b) é uma expressão para fazer a outra pessoa se sentir bem.
c) As alternativas "a" e "b" são verdadeiras.
d) As alternativas "a" e "b" são falsas.

R: "c".

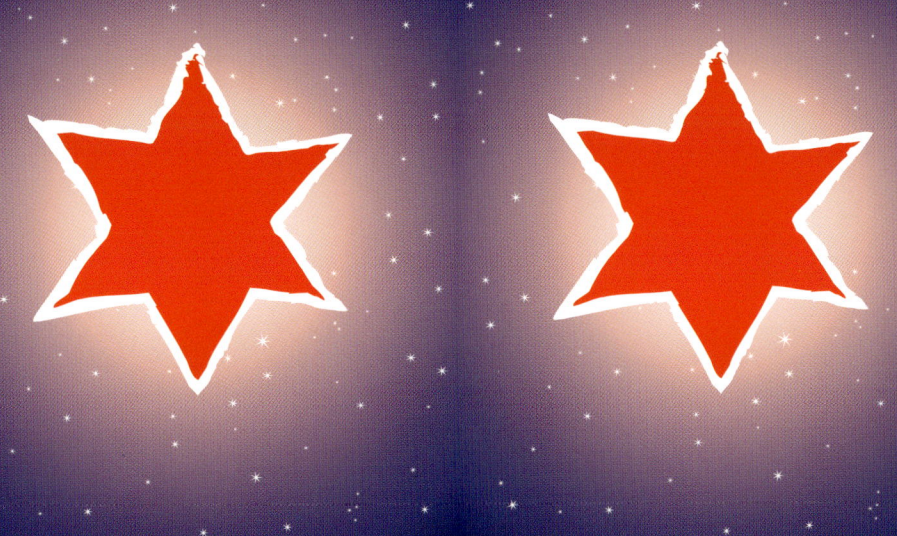
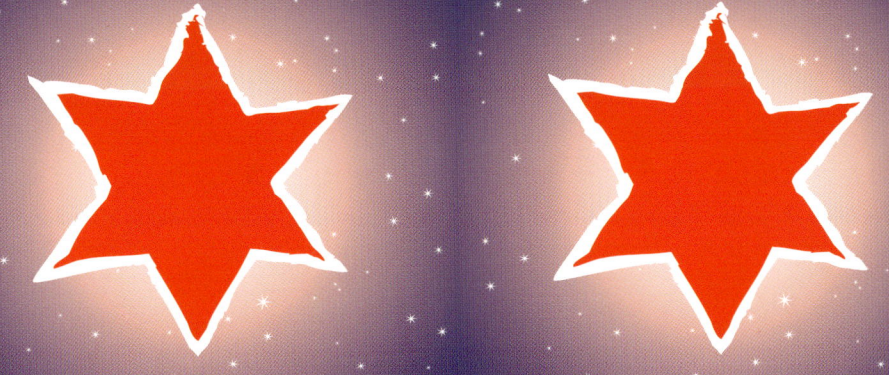

Grupo

Uma das afirmações a seguir sobre como aceitar um elogio é falsa:

a) O elogio deve ser aceito abertamente, sem ignorá-lo nem negá-lo.
b) O elogio deve ser devolvido à pessoa para que se sinta bem.
c) Dizer "Obrigado" e sorrir é suficiente.
d) Não se deve tirar a importância do elogio.

R: "b".

Grupo

Uma menina disse a Daniel que ele é muito bonito. Qual seria a forma correta de receber esse elogio?

a) "Obrigado."
b) "Obrigado, mas não é para tanto."
c) "Obrigado, mas eu já sabia."
d) Sorrir para a menina e não dizer nada.
e) As alternativas "a" e "b" estão corretas.

R: "a".

Grupo

Uma das alternativas a seguir não é um elogio:

a) "Marta, conheço os seus amigos."
b) "Marta, você é muito boa com seus amigos."
c) "Marta, gosto que você seja minha amiga."
d) "Marta, valorizo muito a nossa amizade."

R: "a".

Grupo

Uma das afirmações a seguir é falsa:

a) Os meninos e meninas que dizem coisas agradáveis têm muitos amigos e se dão bem com os demais.
b) Quando fazemos um elogio a alguém, estamos pedindo algo de forma educada.
c) Um elogio pode ser parabenizar uma pessoa por algo que conquistou.

R: "b".

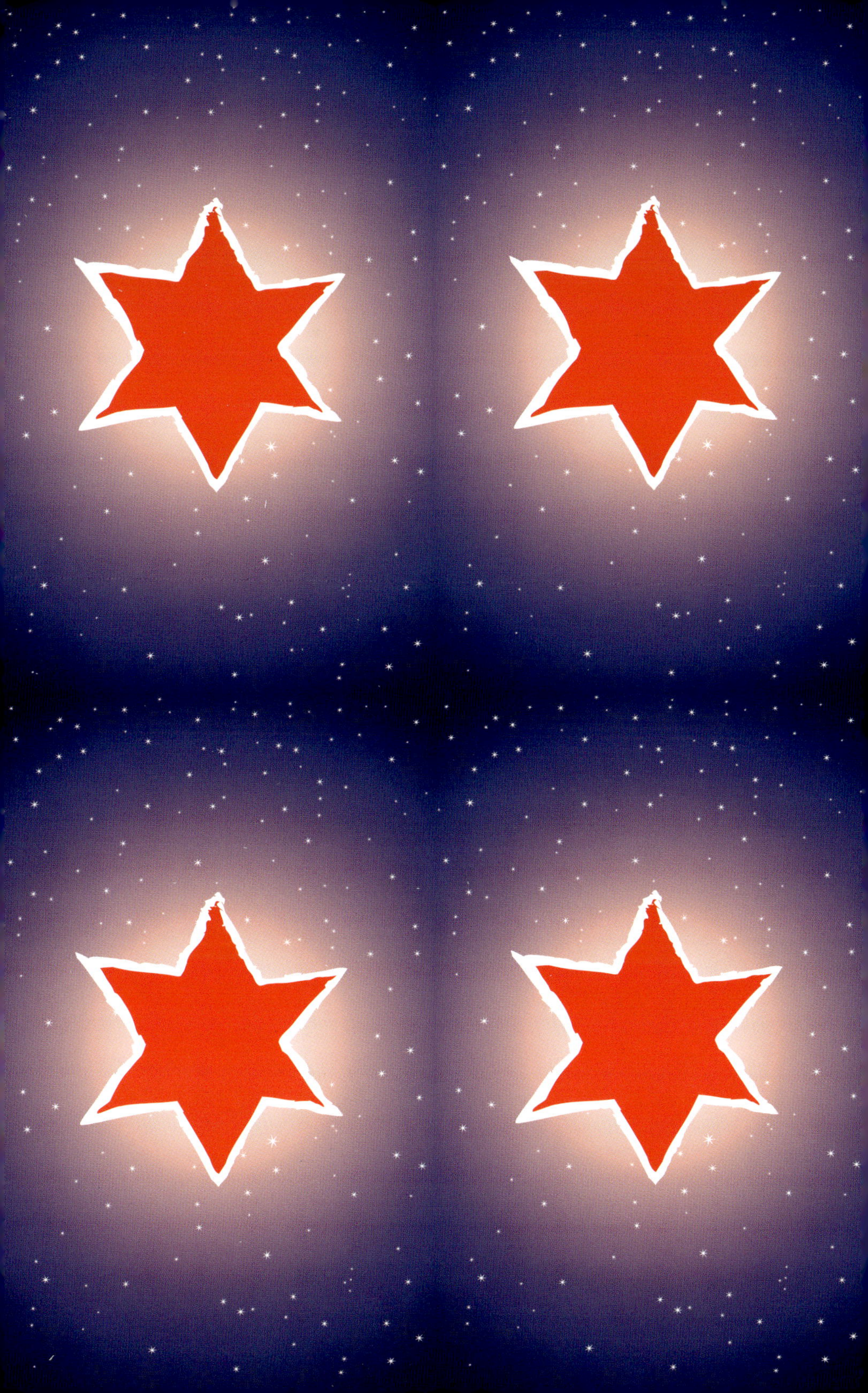

Grupo

Cada membro do grupo deve fazer um elogio a um colega de turma do sexo oposto.

Grupo

Cada membro do grupo deve fazer um elogio a um colega de turma.

Grupo

Cada membro do grupo deve fazer um elogio a um colega de turma que lhe pareça simpático.

Grupo

Cada membro do grupo deve fazer um elogio a um colega que desenhe bem.

Grupo

Cada membro do grupo deve fazer um elogio a um colega de turma que tem uma boa caligrafia.

Grupo

Cada membro do grupo deve dizer algo que admira em sua mãe ou seu pai.

Grupo

Cada membro do grupo deve fazer um elogio a um colega de turma que considere um bom esportista.

Grupo

Cada membro do grupo deve fazer um elogio a um colega de turma que considere muito simpático.

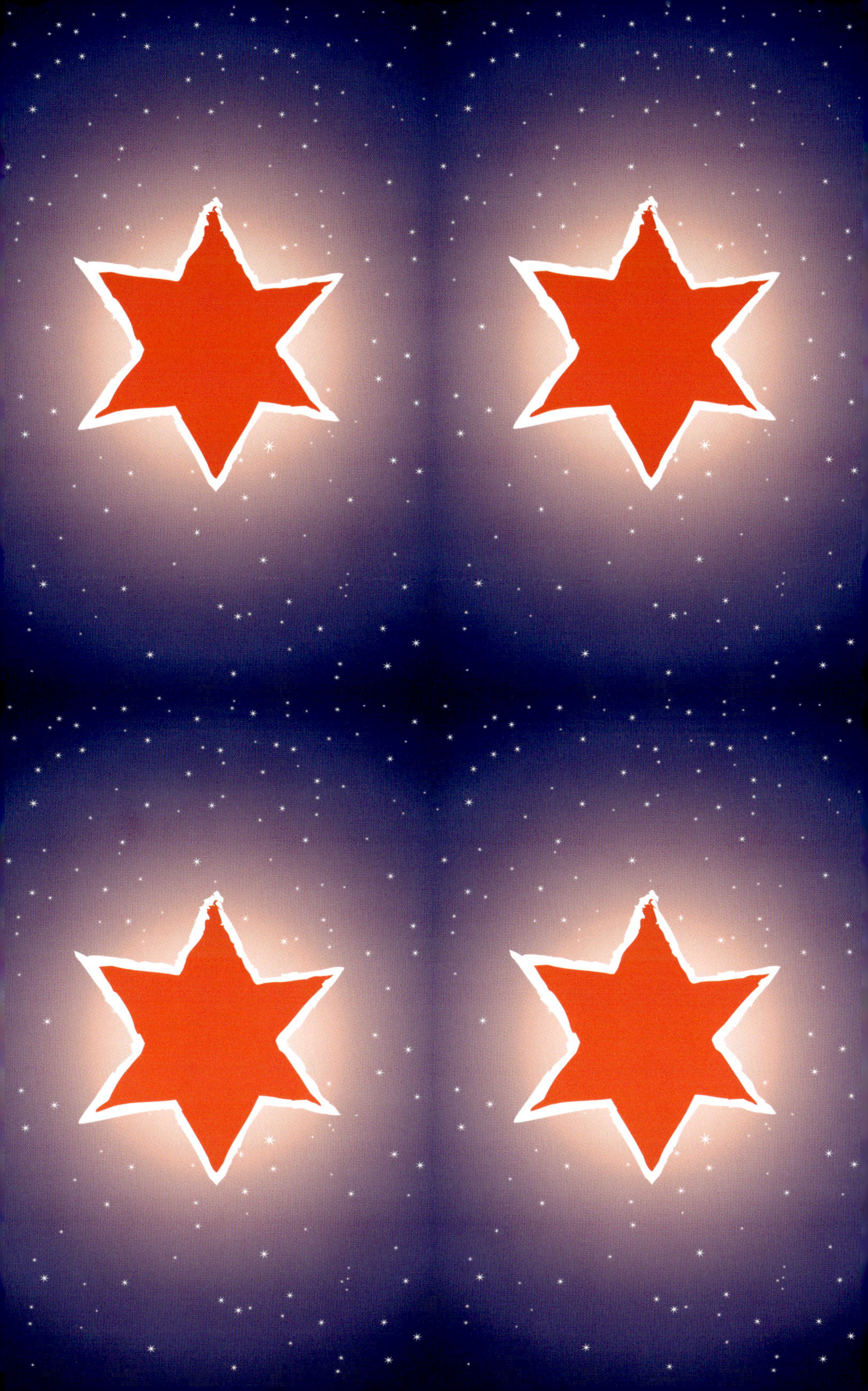

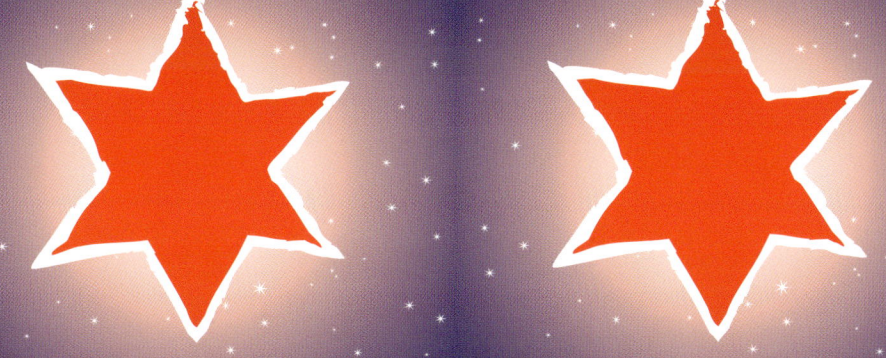

Grupo

Cada membro do grupo deve dizer algo que goste em si mesmo.

Individual

Faça um elogio a um colega de turma.

Individual

Faça um elogio a um colega do sexo oposto.

Individual

Faça um elogio a um colega de turma.

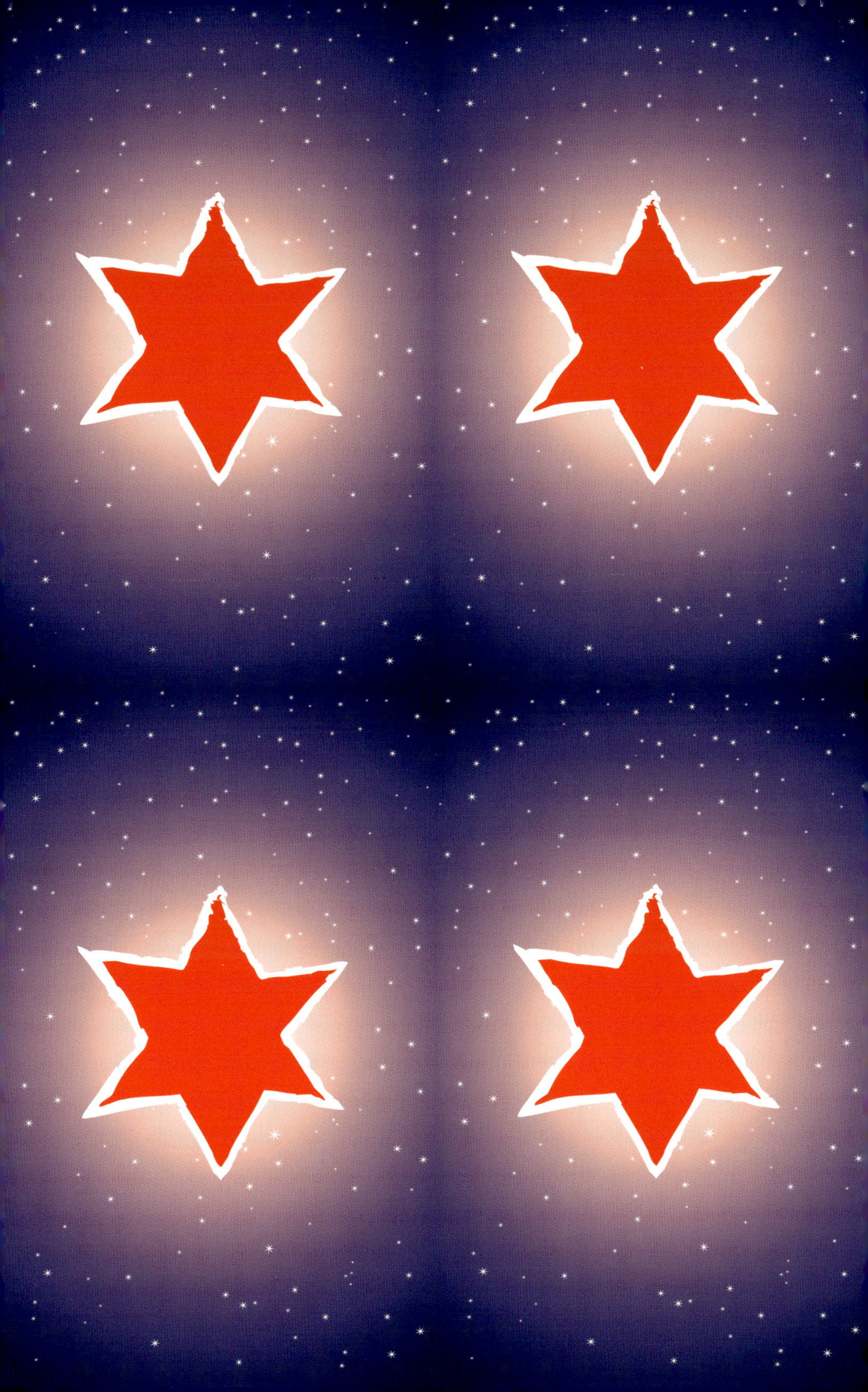

Individual

Faça um elogio a um colega de turma que seja organizado.

Individual

Faça um elogio a um colega de turma que tenha os olhos bonitos.

Individual

Faça um elogio a um colega de turma de cuja camiseta você goste.

Individual

Faça um elogio a um colega de turma que você considere um bom aluno.

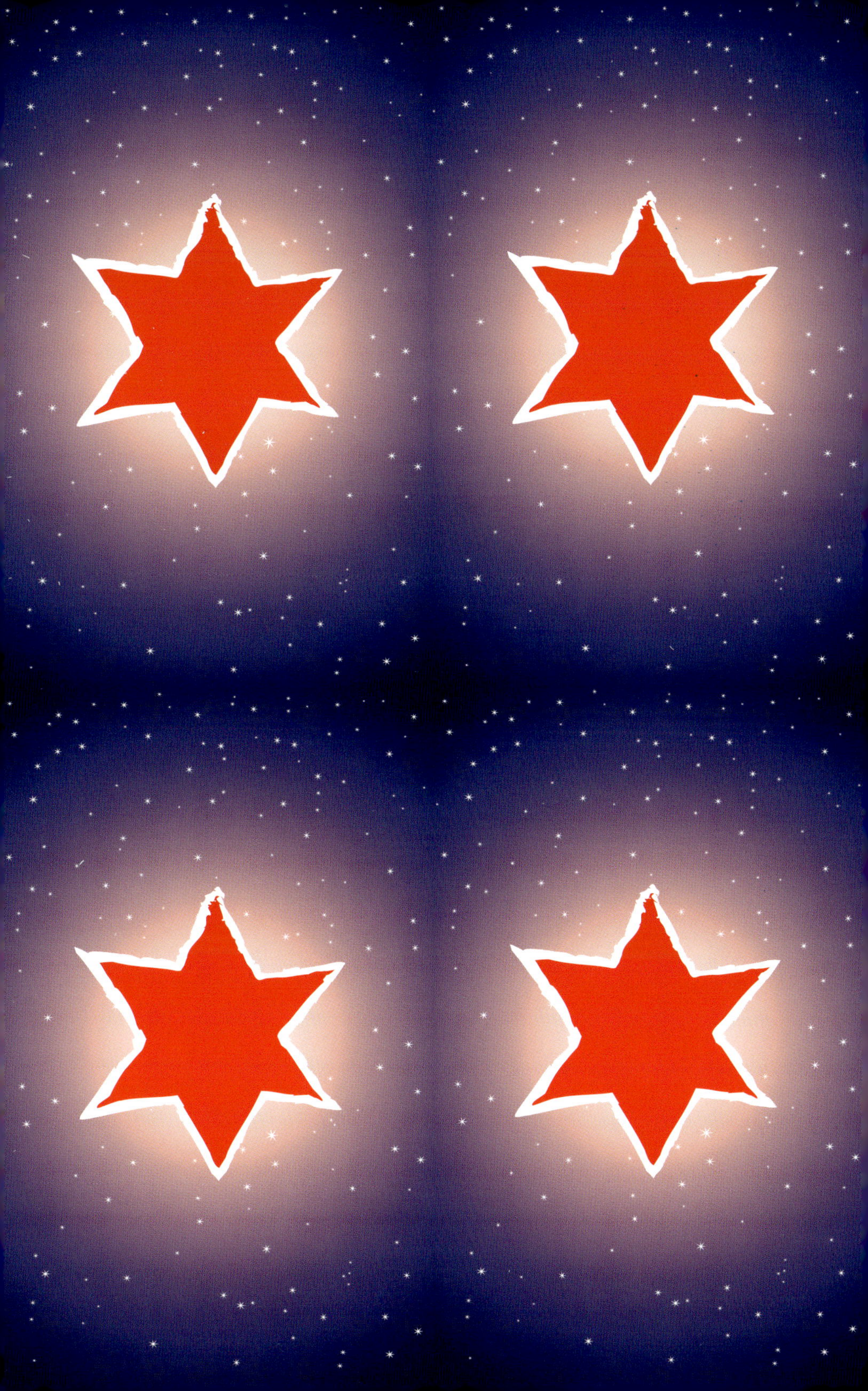

Individual

Faça um elogio a um colega de turma que tenha um cabelo de que você goste.

Individual

Parabenize um colega de turma que tenha tirado uma boa nota na última prova.

Individual

Faça um elogio a um colega de turma que você considere amável porque empresta suas coisas aos demais.

Individual

Faça um elogio a um colega de turma cujo sorriso você admira.

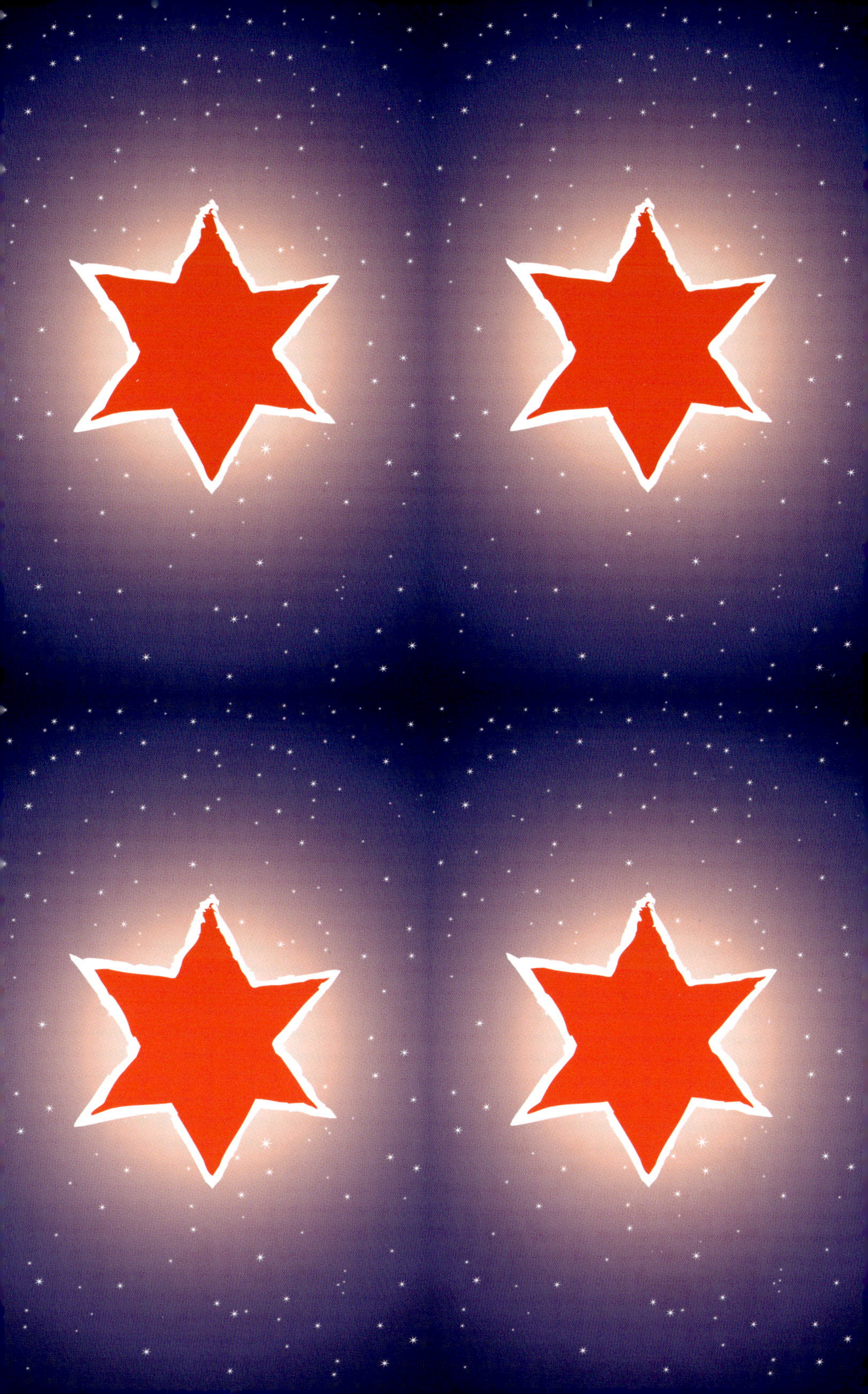

Individual

Faça um elogio a um colega de turma que geralmente se comporta bem em aula.

Individual

Faça um elogio aos seus colegas de turma.

Individual

Faça um elogio ao seu professor.

Individual

Faça um elogio a um colega do sexo oposto que você ache bonito.

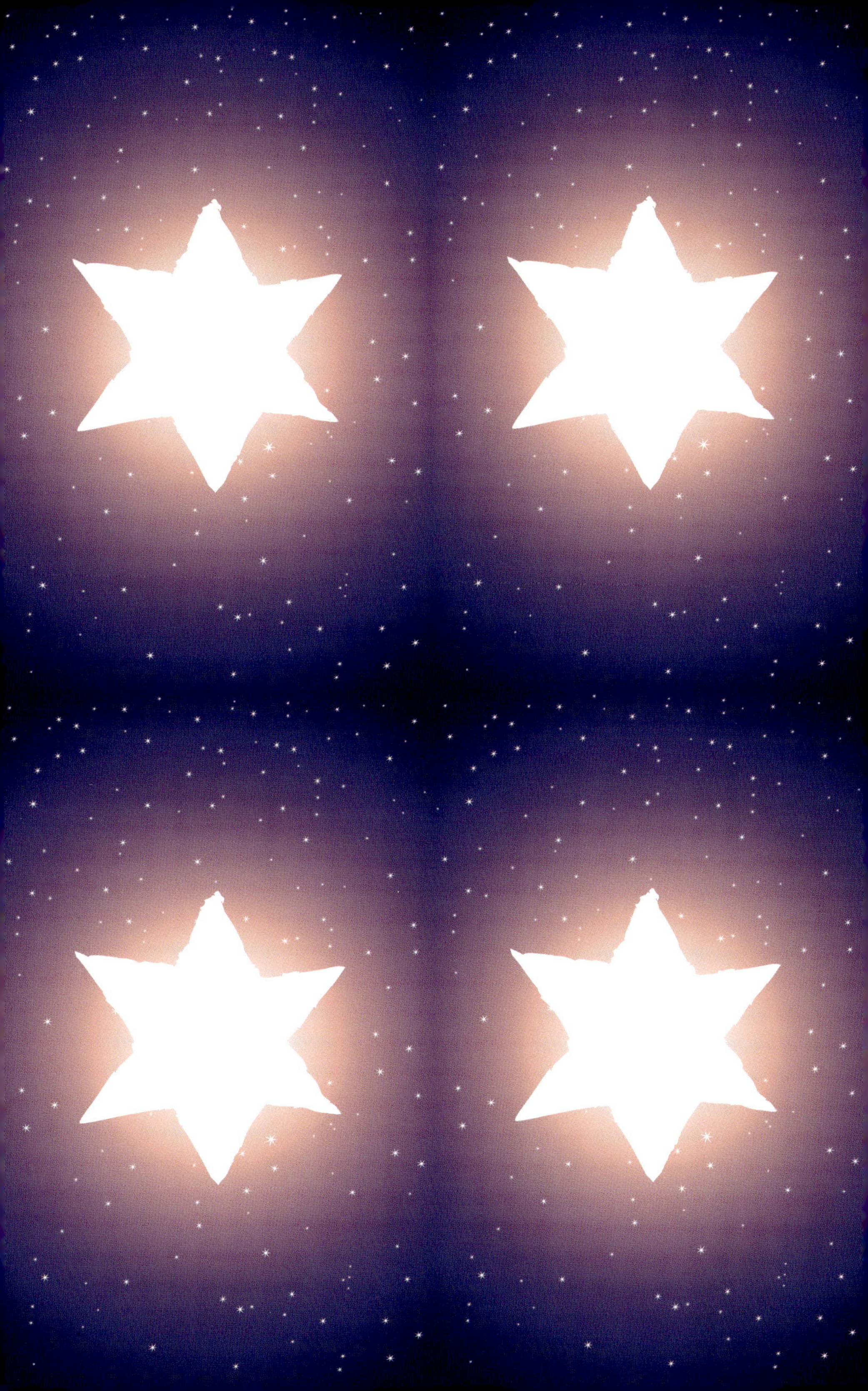

Quantos irmãos temos?

Faça uma contagem do número de irmãos de cada um dos membros do grupo. A equipe que, no total da soma, tiver mais irmãos, consegue a estrela.

Variação: A equipe que tenha menos irmãos.

Meu cabelo é...

A equipe que tiver mais membros com o cabelo cacheado consegue a estrela.

Variação: Cabelo liso ou de alguma cor específica.

A idade

Procuramos entre todos os alunos o mais jovem. A equipe onde estiver esse aluno consegue a estrela.

Variação: O aluno mais velho.

O camarim

Procuramos entre os alunos aqueles que estejam usando uma camiseta vermelha. A equipe que tiver mais membros usando uma camiseta dessa cor consegue a estrela.

Variação: Outra cor de camiseta ou peça de roupa.

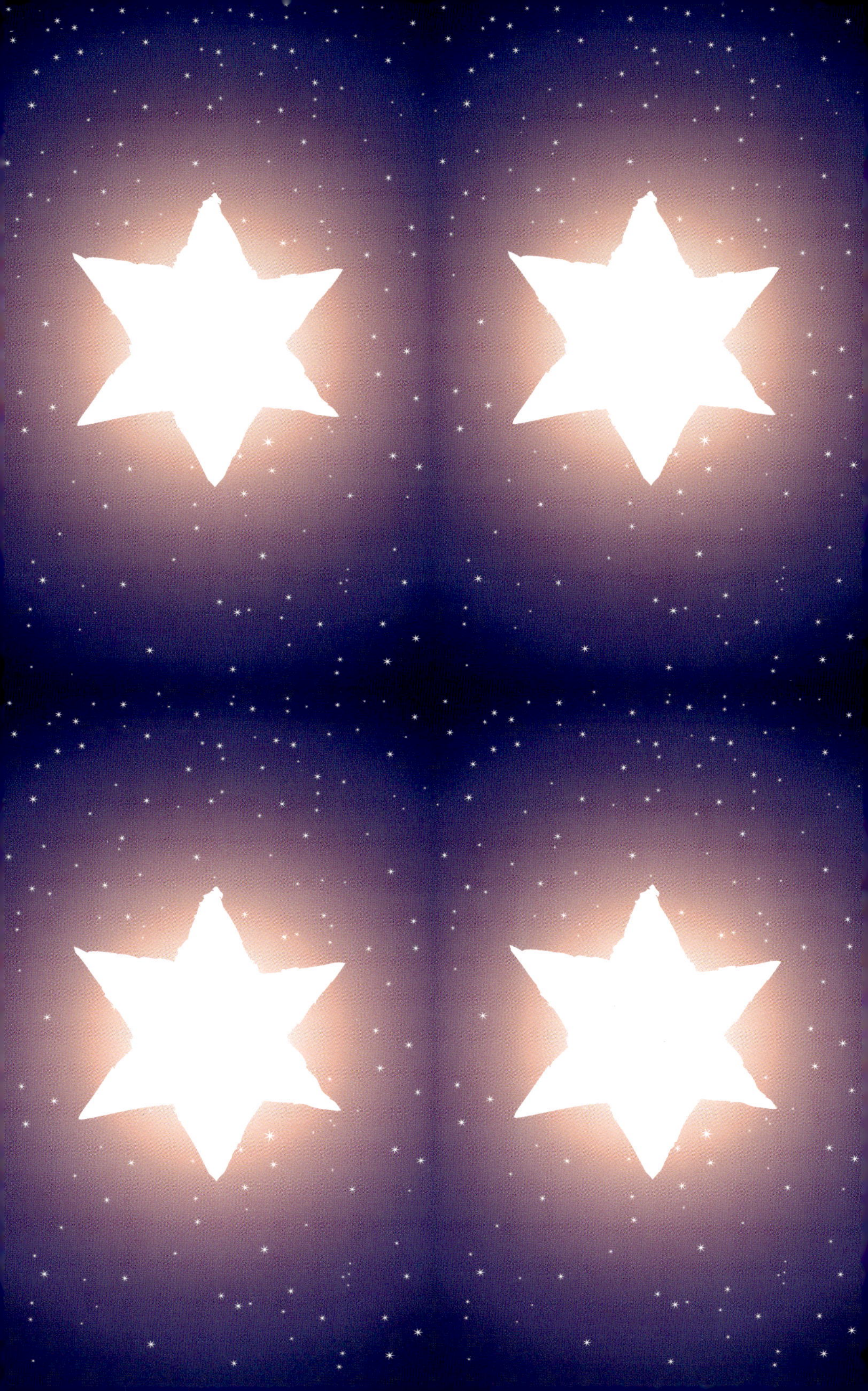

Somos generosos

Cada equipe deve dar uma estrela à equipe que mais precisa.

Nota: É aconselhável lembrar os participantes de agradecerem ao receber esse presente.

Quem é quem?

O professor pensa em um aluno da turma. Em ordem, as equipes têm que adivinhar de quem se trata.
A equipe que conseguir adivinhar em quem o professor pensou consegue a estrela.

Que equipe tem mais....?

Que equipe tem mais pulseiras? Faz-se uma contagem das pulseiras que os membros de cada equipe estejam usando no momento. A equipe que tiver mais pulseiras consegue a estrela.

Variação: Ou canetas azuis, canetas vermelhas, relógios, etc.

Adivinhe o número

O professor pensará em um número de 1 a 20.
Cada equipe, por ordem, tentará adivinhar.
A equipe que adivinhar consegue a estrela.

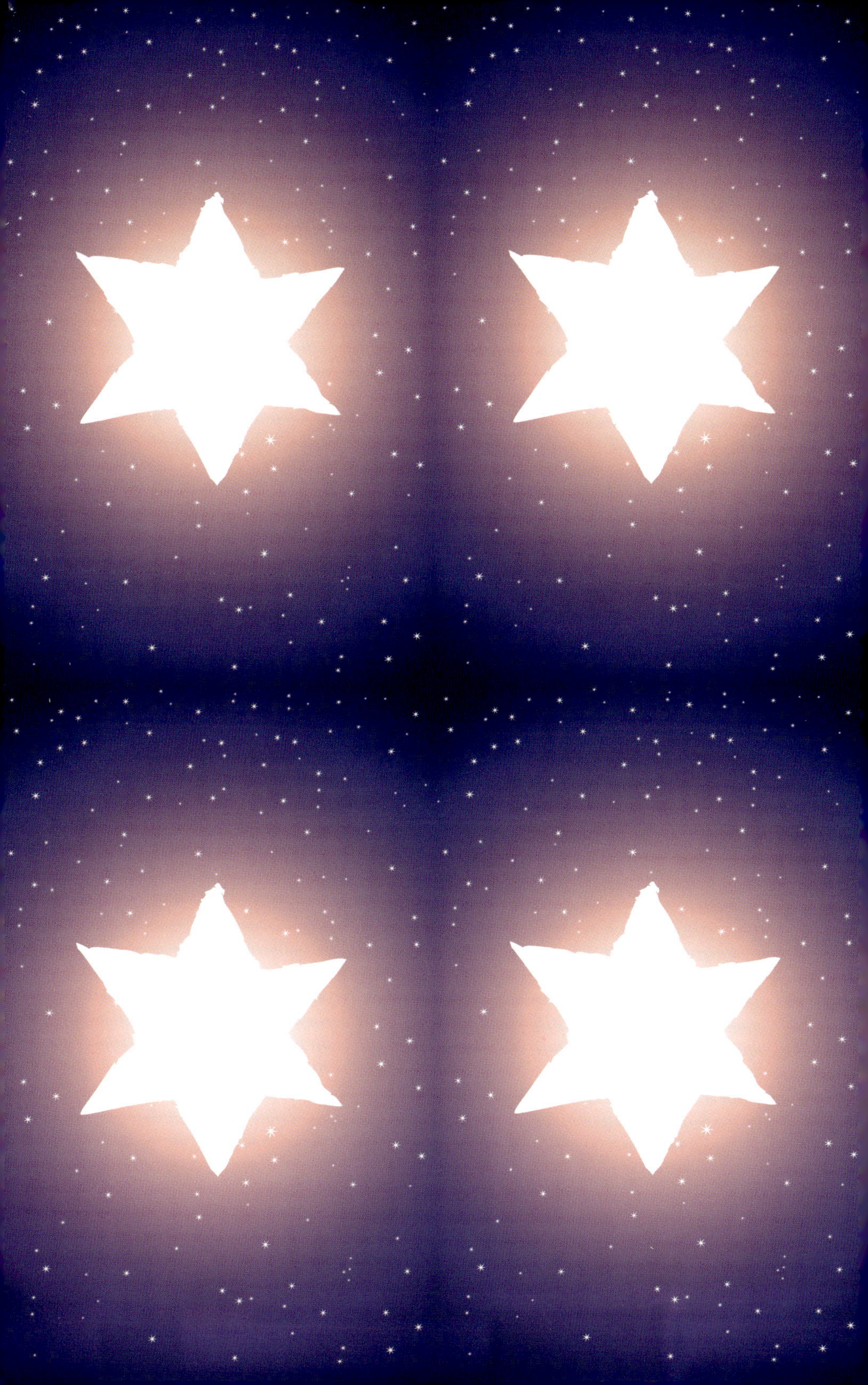

Meus olhos são da cor...

A equipe que tiver mais participantes com os olhos verdes consegue a estrela.

Variação: Outra cor dos olhos.

Quem recebe mais elogios?

Cada equipe faz um elogio a outra equipe. A equipe que tiver recebido mais elogios de seus colegas ganha a estrela.

Variação: Expressar sentimentos positivos.

Feliz aniversário

Dentre todos os participantes, descobrir quem faz aniversário antes e presenteá-lo com a estrela da cor correspondente à casa.

Variação: O aluno que faz aniversário em um mês determinado, por exemplo, agosto ou janeiro.

Adivinhamos o sentimento

O professor pensa em um sentimento positivo ou negativo. As equipes, por ordem, devem adivinhar o sentimento. Cada equipe tem três chances. A equipe que adivinhar primeiro consegue a estrela.

Variação: Um voluntário representa por meio de mímica um sentimento, e o restante da turma precisa adivinhar.

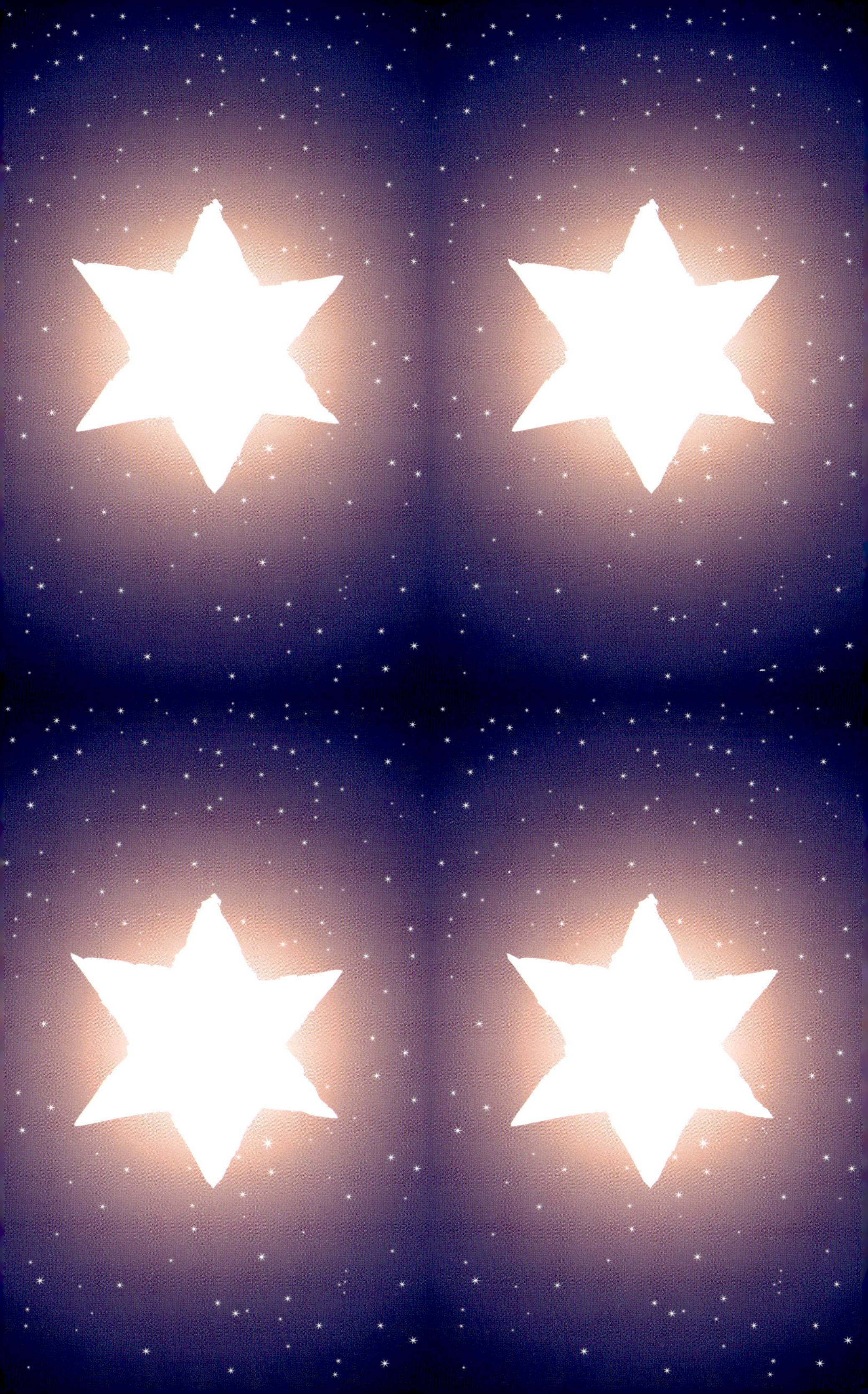

Um, dois, três, responda outra vez

Propõe-se uma tarefa, por exemplo, "Citem sentimentos positivos". Cada grupo vai dizendo um sentimento, e vão sendo eliminadas as equipes que não saibam responder, que o façam de maneira incorreta ou que repitam o que já foi dito. Ganha a estrela a equipe que não for eliminada.

Perguntas: Sentimentos negativos; objetos da sala de aula, palavras relacionadas com o estilo de comportamento passivo, agressivo ou assertivo.

Nota: As perguntas propostas podem ser substituídas por outras a critério do professor.

No que estou pensando?

O professor pensa em uma cor, e cada equipe, por ordem, terá que adivinhar de que cor se trata. A equipe que conseguir adivinhar primeiro consegue a estrela.

Variação: Adivinhar uma profissão, um esporte, etc.

A loteria

Cada equipe, seguindo a ordem, joga o dado. A primeira equipe a conseguir tirar a cor vermelha no dado consegue a estrela.

Animais de estimação

Quantos cachorros cada equipe tem em casa? Faz-se uma contagem dos cachorros que cada um dos membros da equipe tem em sua casa. A equipe que tiver mais cachorros consegue a estrela.

Variação: Outros animais de estimação, por exemplo, gatos.

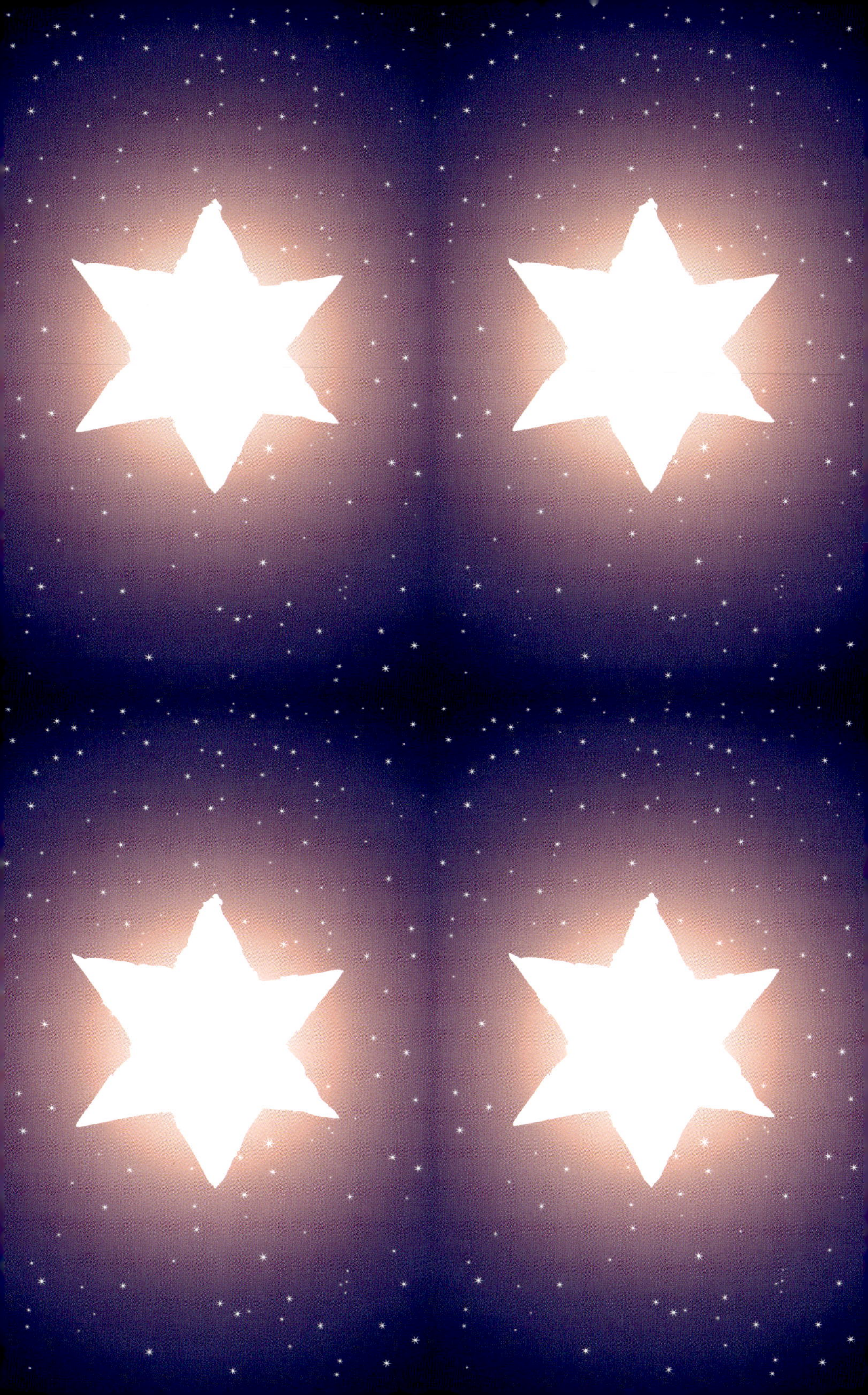

Que sorte!

Guarde esta carta para ter uma segunda oportunidade de conseguir uma estrela na casa de tema.

Nota: Esta carta pode ser guardada até que seja utilizada pela equipe.

Vamos pensar em palavras

Durante 30 segundos, cada equipe terá que dizer todas as palavras que venham à mente e que tenham relação com um tema dado. A atividade se realiza por ordem e cada equipe recebe um tema diferente. A equipe que disser mais palavras sobre o tema recebido consegue a estrela.
Temas: carnaval, Natal, verão, escola, supermercado, hospital e televisão.

Variação: Outros temas.

Fazendo mímica

Um representante de cada equipe terá que interpretar, usando mímica, uma palavra diferente que o professor lhe dará. A equipe que adivinhar mais palavras consegue a estrela.
Palavras: escola, vampiro, festa, sol, bicicleta, elefante, samba, flor, fogo, touro.

Variação: Outras palavras.

Analisamos as letras

Faz-se uma contagem do número de vezes em que aparece a letra "a" no nome de cada membro da equipe. A equipe que, no total da soma, tenha mais vezes a letra "a" em seus nomes consegue a estrela.

Variação: Outra vogal ou letra. Substitua o primeiro nome pelo primeiro sobrenome.

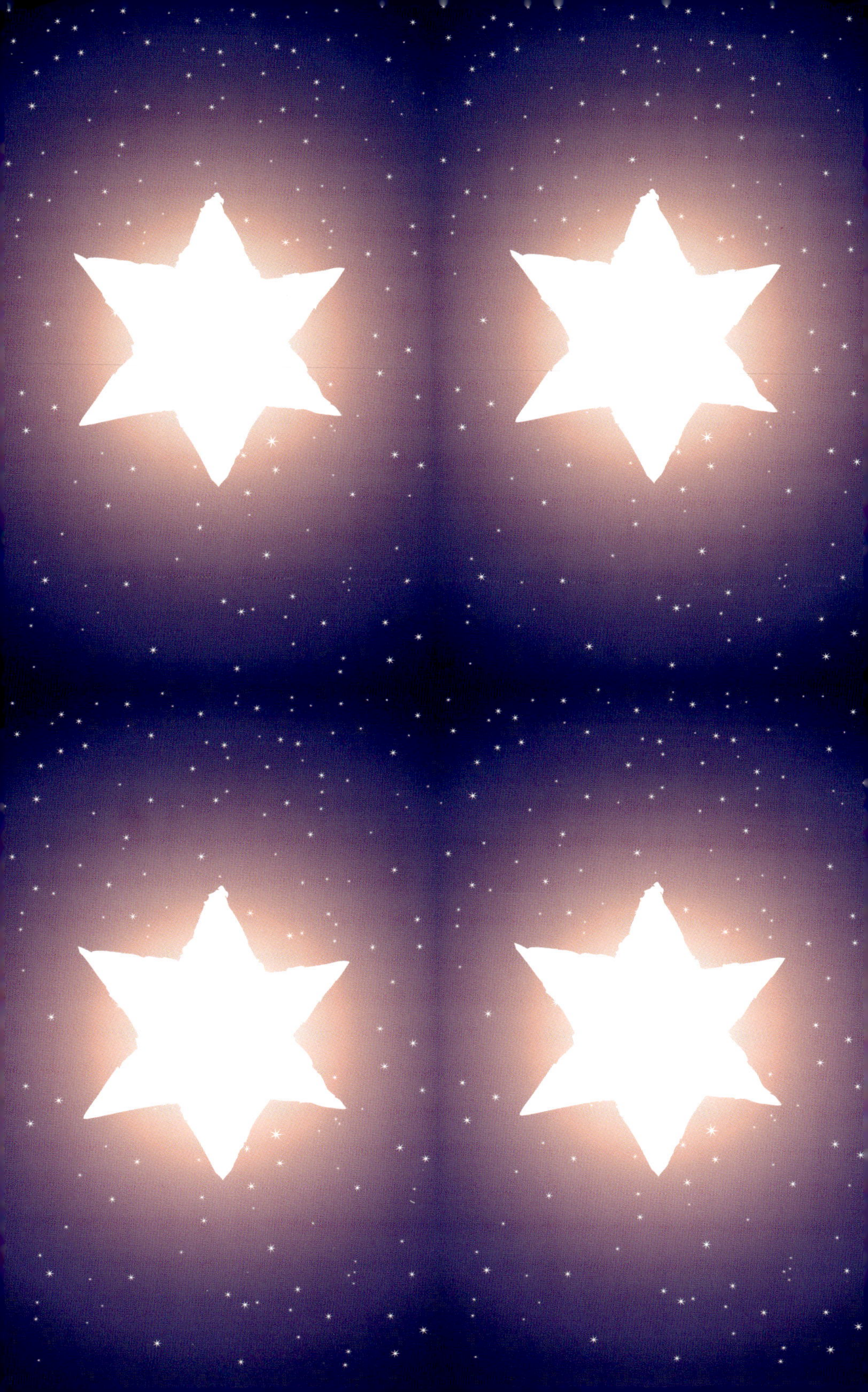

Estudamos muito

Cada equipe somará as notas altas que tenham tirado no último semestre. A equipe que mais tenha obtido notas altas consegue a estrela.

Variação: Número de notas altas ou soma das notas da última prova.

Variedade de marcas

Durante 30 segundos, cada equipe expressará os diferentes tipos, marcas ou variedades do objeto proposto pelo professor. A equipe que conseguir nomear mais variedades consegue a estrela.

Exemplos: Marcas de carro, tipos de pássaro, canais de TV, títulos de livros, times de futebol, instrumentos musicais, nomes de frutas, cores...

Multa por excesso de velocidade

Vocês andaram muito rápido com a moto espacial e foram multados pelos policiais da Galáxia HASO. Vocês perdem uma estrela da cor correspondente à casa.

Corrente de palavras

Durante 30 segundos, cada equipe terá que ir dizendo uma palavra cuja primeira letra seja a última da palavra dita pelo membro anterior da equipe. O professor diz a primeira palavra e os membros da equipe continuam. A equipe que ligar mais palavras no período de tempo combinado consegue a estrela.

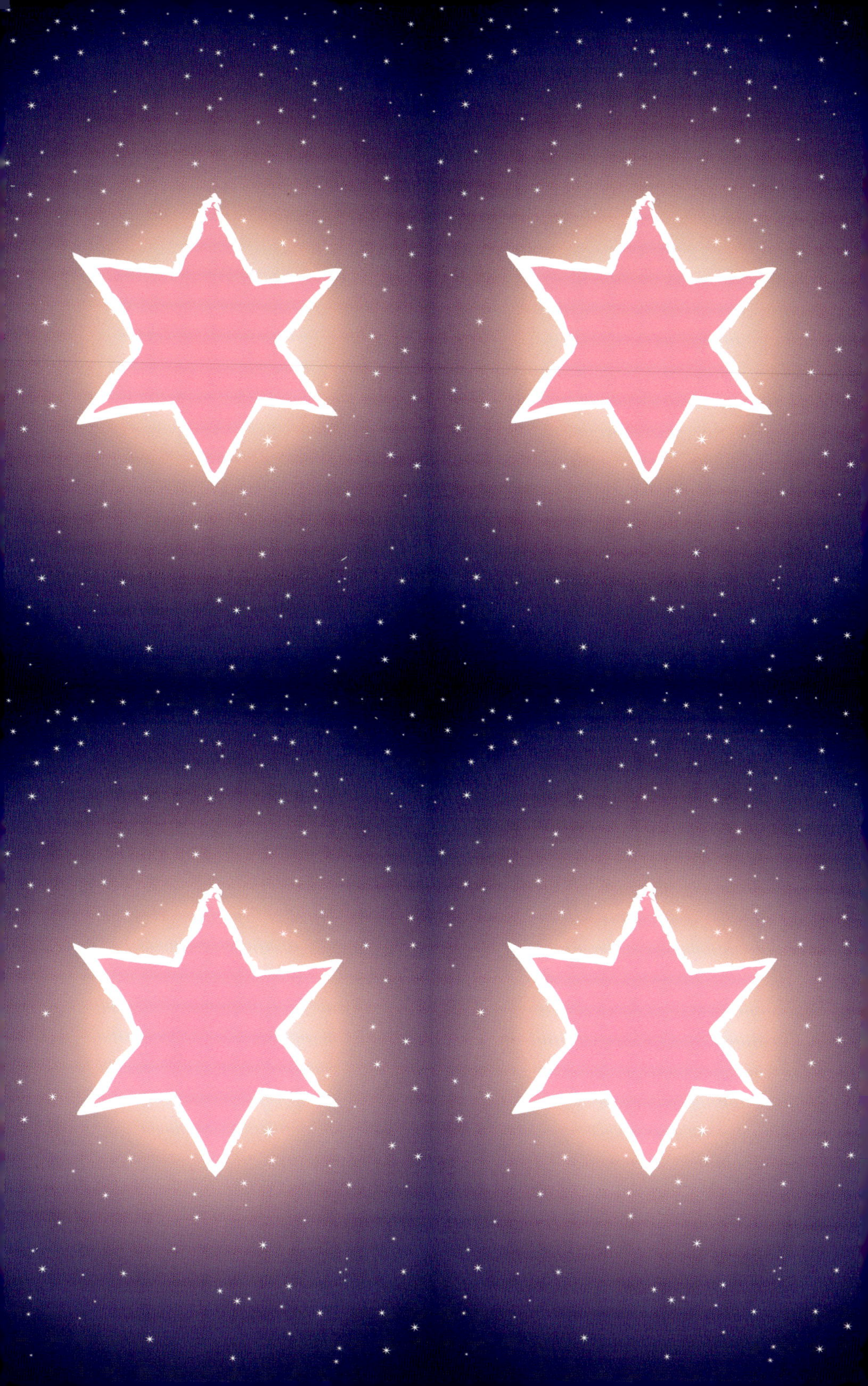

Grupo

Acaba de sair a nota da última prova: alguns de vocês foram aprovados e outros, não.
Criem um diálogo e expressem como cada um se sente.

Grupo

Acabaram de divulgar o dia de uma esperada excursão, sendo que alguns podem ir, e outros, não.
Criem um diálogo e expressem como cada um se sente.

Grupo

Joana não se arrisca a participar de uma peça de teatro que a professora propôs. Alguns colegas se irritaram com ela, enquanto outros riram dela. Como Joana pode estar se sentindo? Citem, ao menos, três sentimentos.

R: Vergonha, solidão, culpa.

Nota: Serão aceitas outras respostas similares.

Grupo

Marina e Lucas vêm há dias intimidando Giovana. Giovana pediu ajuda ao professor e agora toda a turma a está acusando de "dedo-duro". Como Giovana pode estar se sentindo? Citem, ao menos, três sentimentos.

R: Solidão, raiva, medo.

Nota: Serão aceitas outras respostas similares.

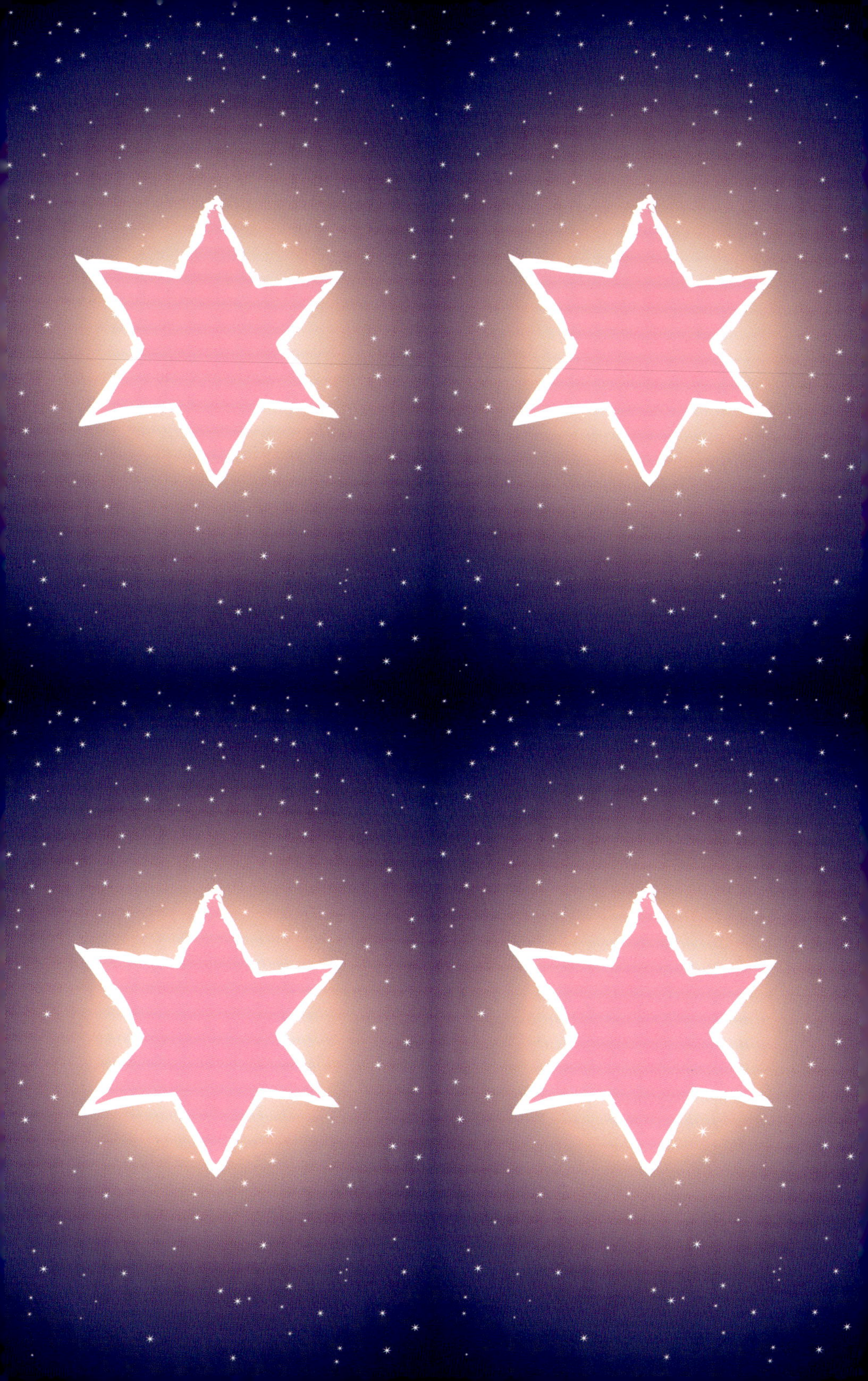

Grupo

Cada membro do grupo tem que contar ao restante dos colegas uma situação na qual tenha se sentido empolgado.

Grupo

Uma das afirmações a seguir é falsa:

a) A expressão de sentimentos negativos pode se tornar complicada porque os demais podem não responder da forma adequada.
b) Os demais sempre responderão bem quando expressarmos sentimentos negativos.
c) É conveniente expressar os sentimentos no momento em que ocorram.

R: "b".

Grupo

Rafaela é ignorada por toda a turma; ninguém fala nem brinca com ela. Como Rafaela pode estar se sentindo?

Citem, ao menos, três sentimentos.

R: Medo, solidão e tristeza.

Nota: Serão aceitas outras respostas similares.

Grupo

Para expressar sentimentos negativos, é conveniente:

a) Procurar o momento e o lugar adequado para fazê-lo, se não for possível expressá-lo no momento em que ocorre.
b) Considerar com quais pessoas é mais adequado fazê-lo (colegas, amigos, familiares) e com quais pessoas não é tão adequado (desconhecidos).
c) As duas alternativas anteriores estão corretas.

R: "c".

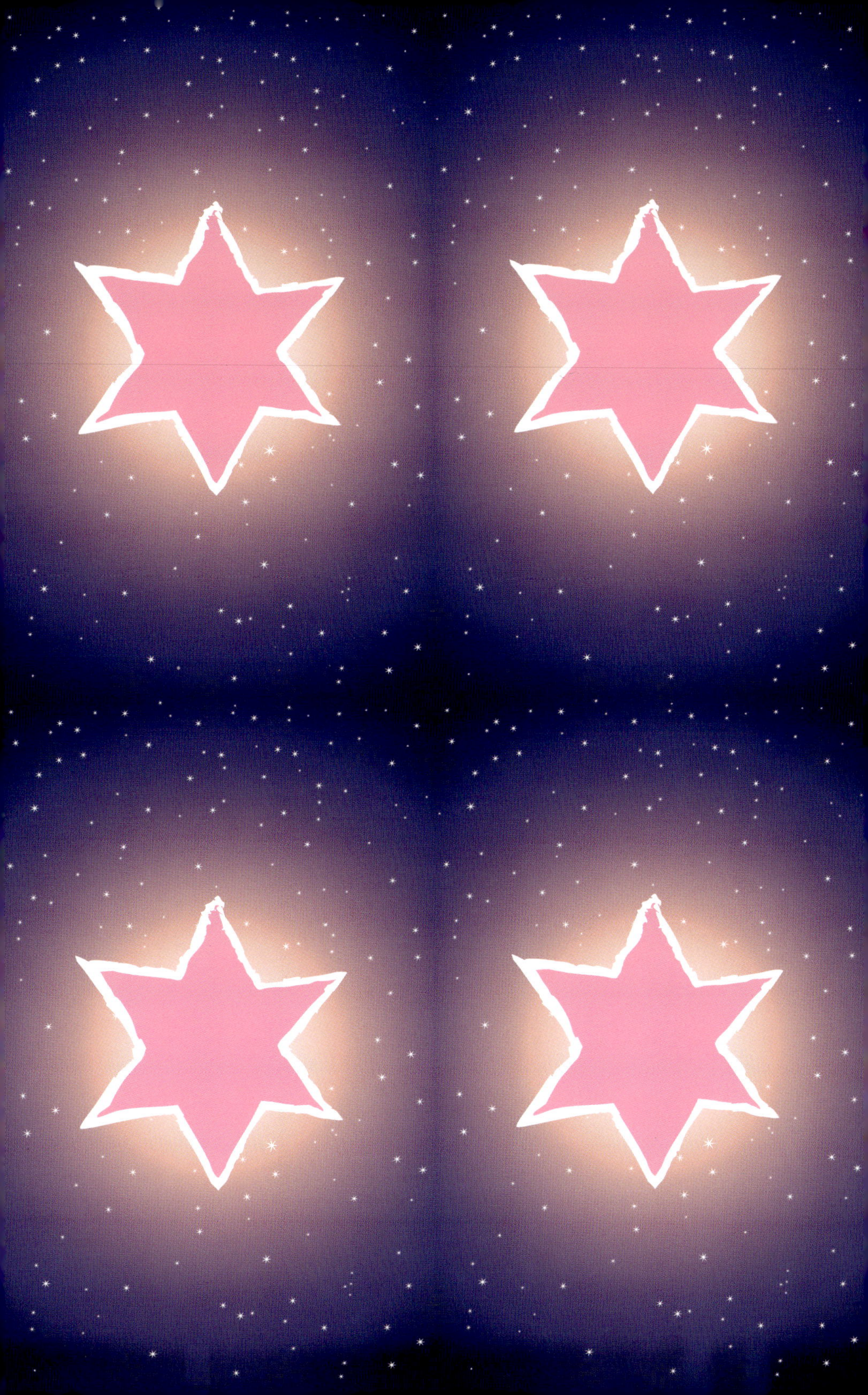

Grupo

Uma das informações a seguir é falsa:
a) Expressar sentimentos positivos fortalece as relações com os demais.
b) Não é necessário expressar sentimentos positivos a quem nos rodeia, pois eles costumam saber o que sentimos.
c) A falta de expressão de sentimentos positivos pode fazer com que as pessoas que nos rodeiam se sintam esquecidas ou não apreciadas, e isso pode enfraquecer a relação com elas.

R: "b".

Grupo

Uma das afirmações a seguir é falsa:
a) Podemos controlar somente o que sentimos e dizemos, mas não o que outra pessoa sente ou diz.
b) As pessoas às quais expressamos nossos sentimentos positivos se tem o mesmo sobre nós.
c) As pessoas às quais expressamos nossos sentimentos positivos podem não sentir o mesmo que nós.

R: "b".

Grupo

Tentem completar as seguintes frases com o sentimento correspondente.

1. Quando a professora grita na aula, é porque pode estar se sentindo...
2. Quando um amigo mal tem vontade de falar ou brincar, é porque pode estar se sentindo...
3. Quando você ajuda um colega, ele se sente...
4. Se eu acho graça quando insultam um colega, ele pode se sentir...

R: 1. Nervosa; 2. Triste; 3. Agradecido; 4. Decepcionado.
Nota: Serão aceitas outras respostas similares.

Grupo

Cada participante do grupo, sem ajuda dos colegas, deve dar um motivo diferente pelo qual um colega pode se sentir *chateado* em um determinado momento.

Grupo

Cada participante do grupo, sem ajuda de seus colegas, deve dar um motivo diferente pelo qual um amigo pode se sentir *nervoso* em aula.

Grupo

Cada participante do grupo, sem ajuda de seus colegas, deve dar um motivo diferente pelo qual um professor pode se sentir *desapontado* com um aluno em um determinado momento.

Grupo

Cada participante do grupo, sem ajuda de seus colegas, deve dar um motivo diferente pelo qual um colega de turma possa se sentir *triste* durante o recreio.

Grupo

Cada membro do grupo deve expressar um sentimento positivo a um colega de turma.

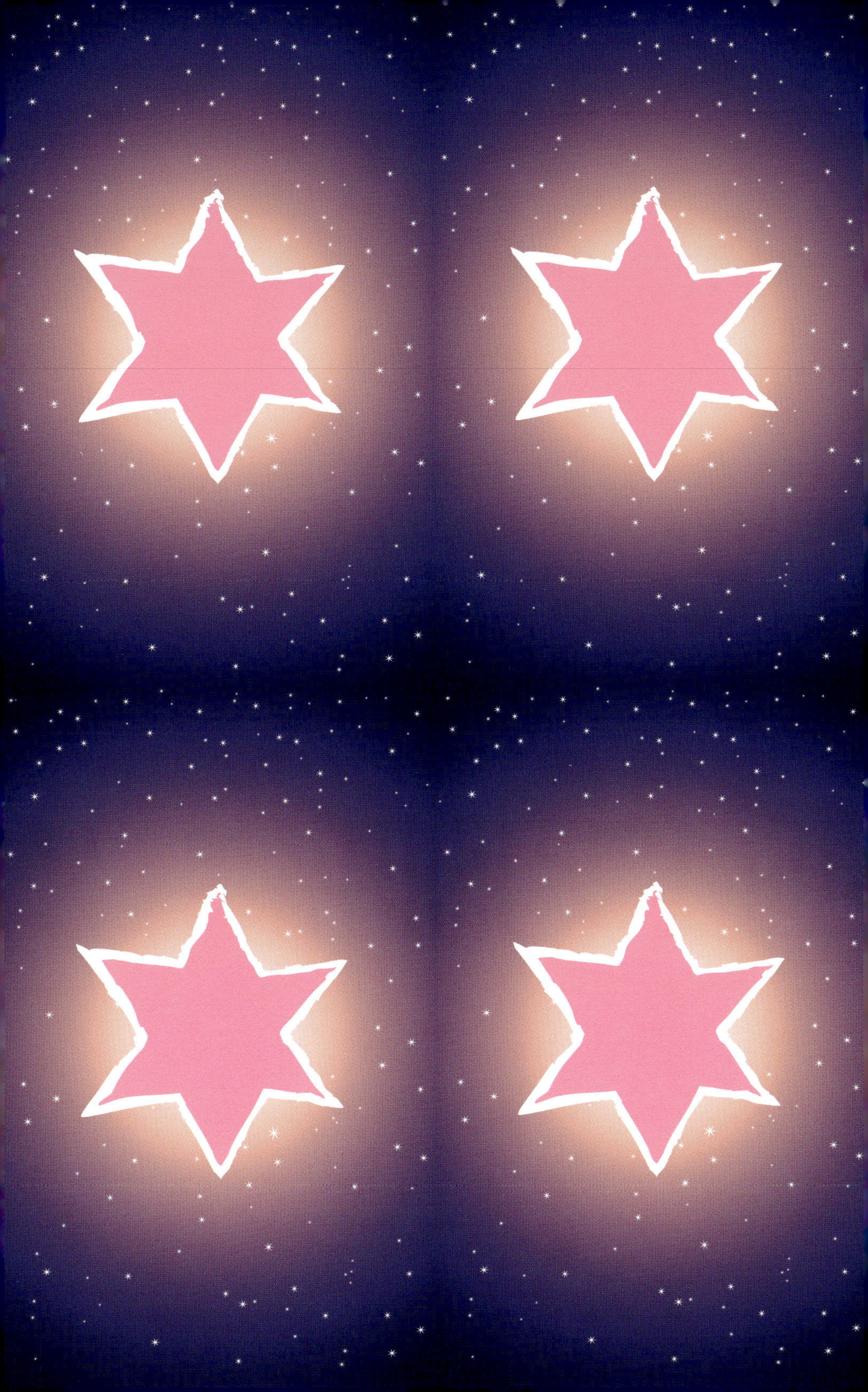

Grupo

Cada membro do grupo deve expressar um sentimento positivo a um colega de turma.

Grupo

Cada membro do grupo deve expressar um sentimento negativo a um colega de turma.

Grupo

Cada membro do grupo deve contar ao restante dos colegas uma situação na qual tenha se sentido *arrependido*.

Grupo

Cada membro do grupo deve contar ao restante dos colegas uma situação na qual tenha se sentido *triste*.

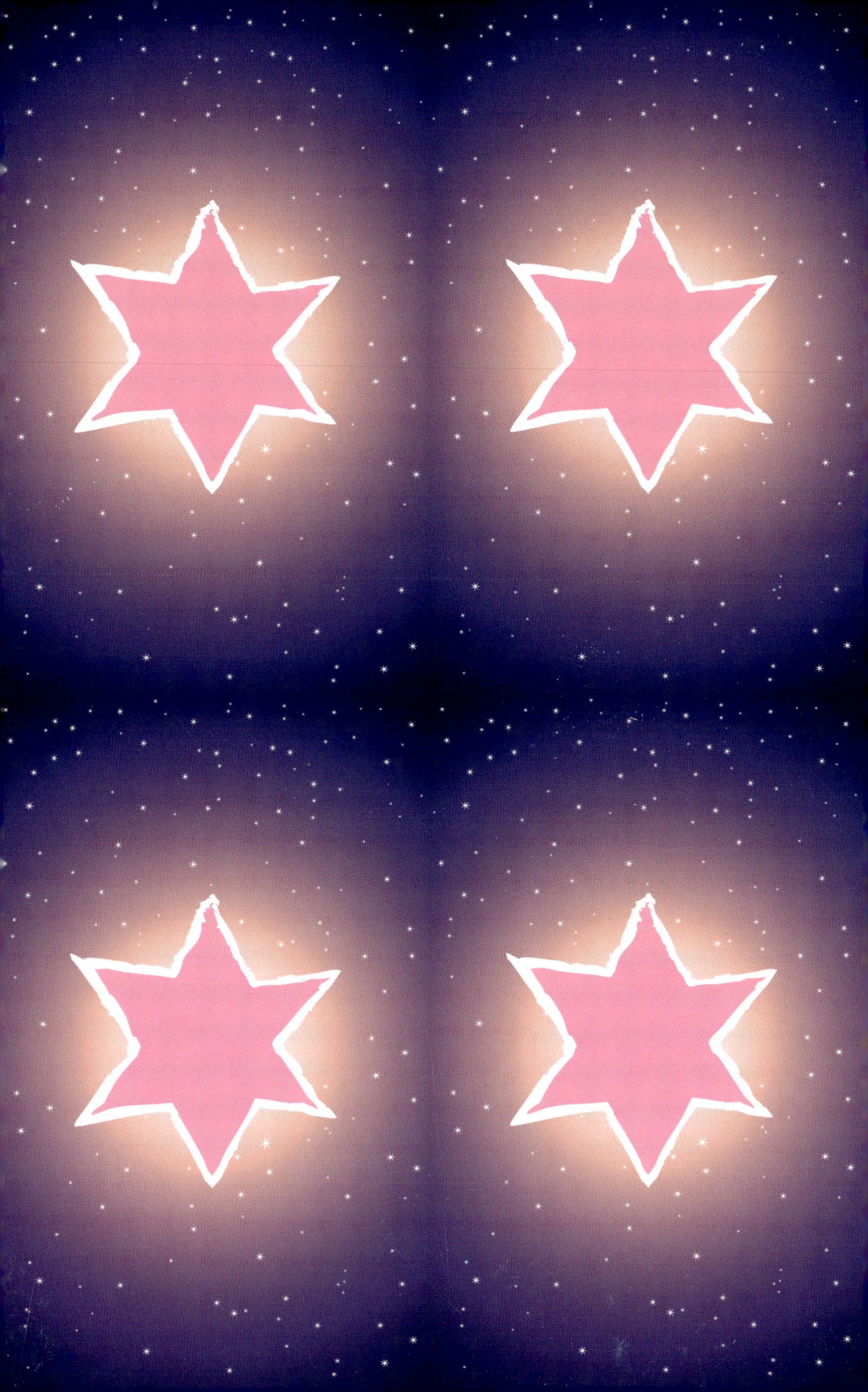

Grupo

Citem, ao menos, cinco sentimentos positivos que podemos ter.

R: Alegria, satisfação, felicidade, empolgação, interesse.

Nota: Serão aceitas outras respostas similares.

Individual

Sobre os sentimentos positivos, qual destas afirmações é correta?

a) Expressar amor, agrado e afeto é muito arriscado, porque você pode não se corresponder correspondido.
b) A outra pessoa deveria saber como me sinto, então, para que dizê-lo?
c) Além de expressar os sentimentos positivos com palavras, também é possível expressá-los por meio de abraços e beijos.

R: "c".

Individual

Quando expressamos sentimentos negativos...

a) temos a responsabilidade de não humilhar os demais.
b) comunicamos o que sentimos de uma maneira não agressiva.
c) as duas alternativas anteriores estão corretas.

R: "c".

Individual

Cite, ao menos, três sentimentos que podem aparecer se estiverem esperando para bater em você na saída da escola.

R: Medo, impotência, raiva.

Nota: Serão aceitas outras respostas similares.

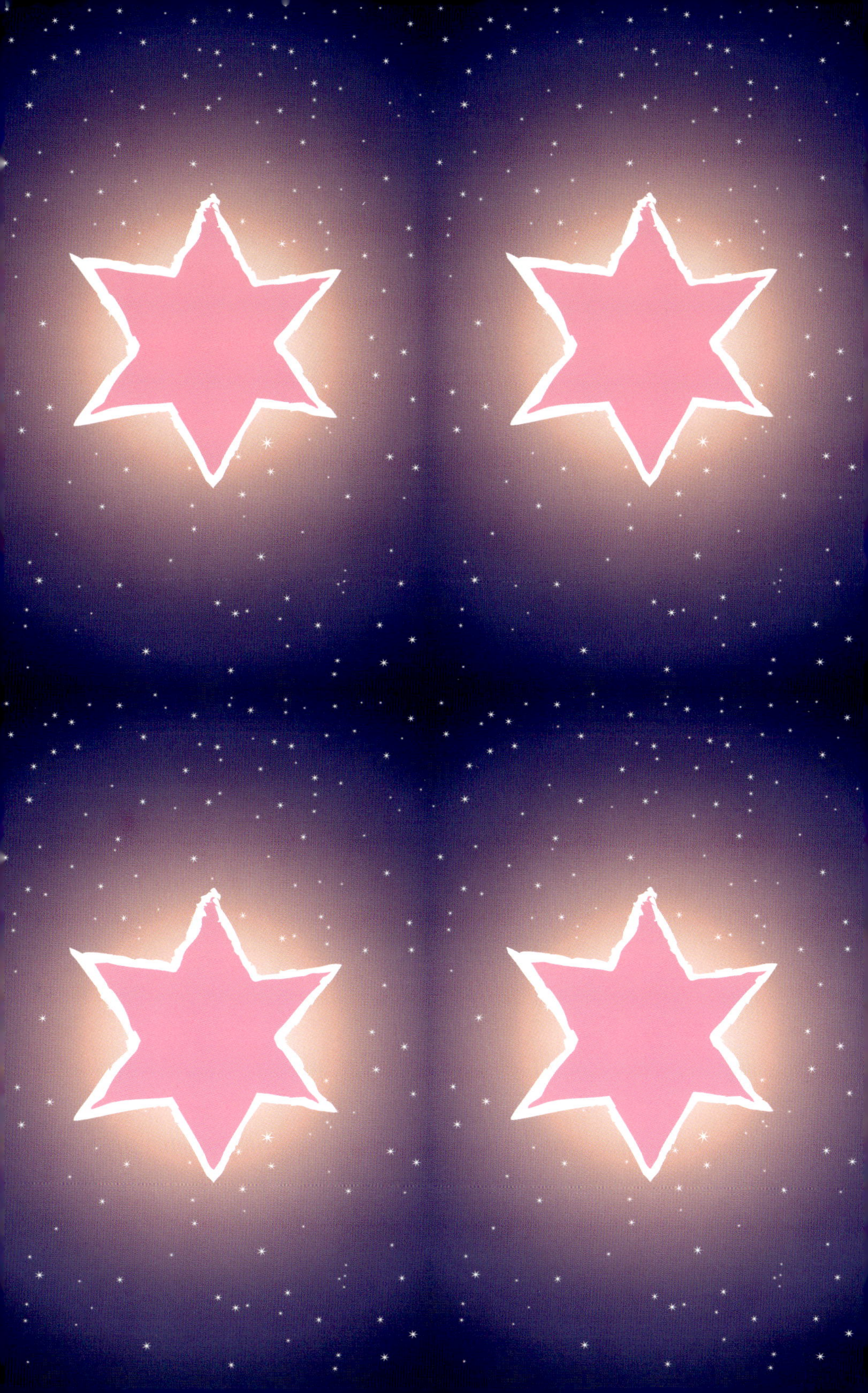

Individual

Expresse um sentimento positivo ao colega que faz você se sentir bem quando fa a com ele.

Individual

Expresse um sentimento positivo ao colega que faz você se sentir bem quando o ajuda com alguma matéria.

Individual

Expresse um sentimento positivo ao colega que faz você se sentir bem ao fazer algo engraçado ou contar uma piada.

Individual

Expresse um sentimento positivo ao colega que faz você se sentir bem quando é simpático com você.

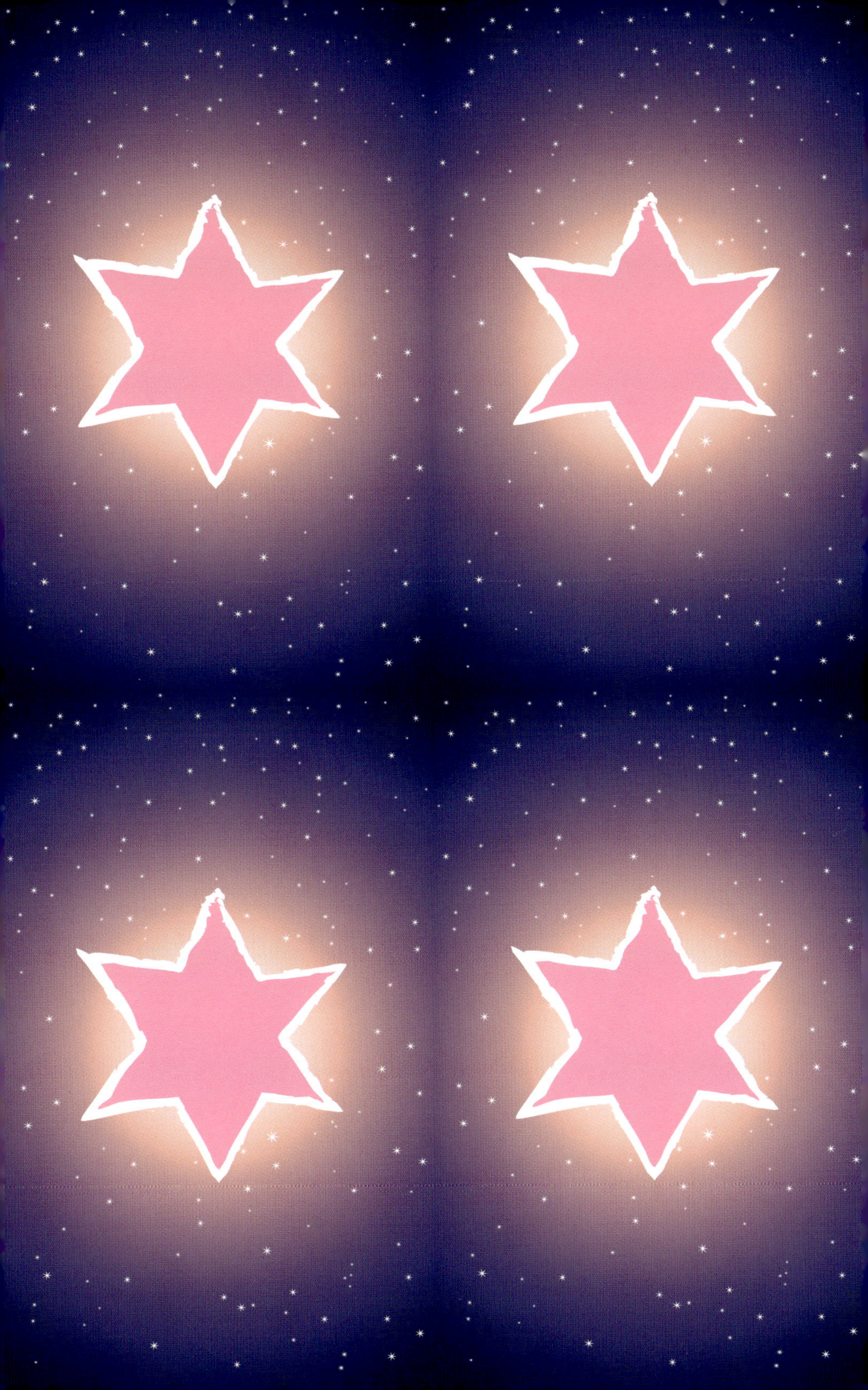

Individual

Expresse a seus colegas de turma como você se sente neste momento e por que se sente assim.

Individual

Expresse um sentimento positivo a um colega de turma.

Individual

Expresse um sentimento positivo ao seu professor.

Individual

Expresse um sentimento positivo a um colega de turma do sexo oposto.

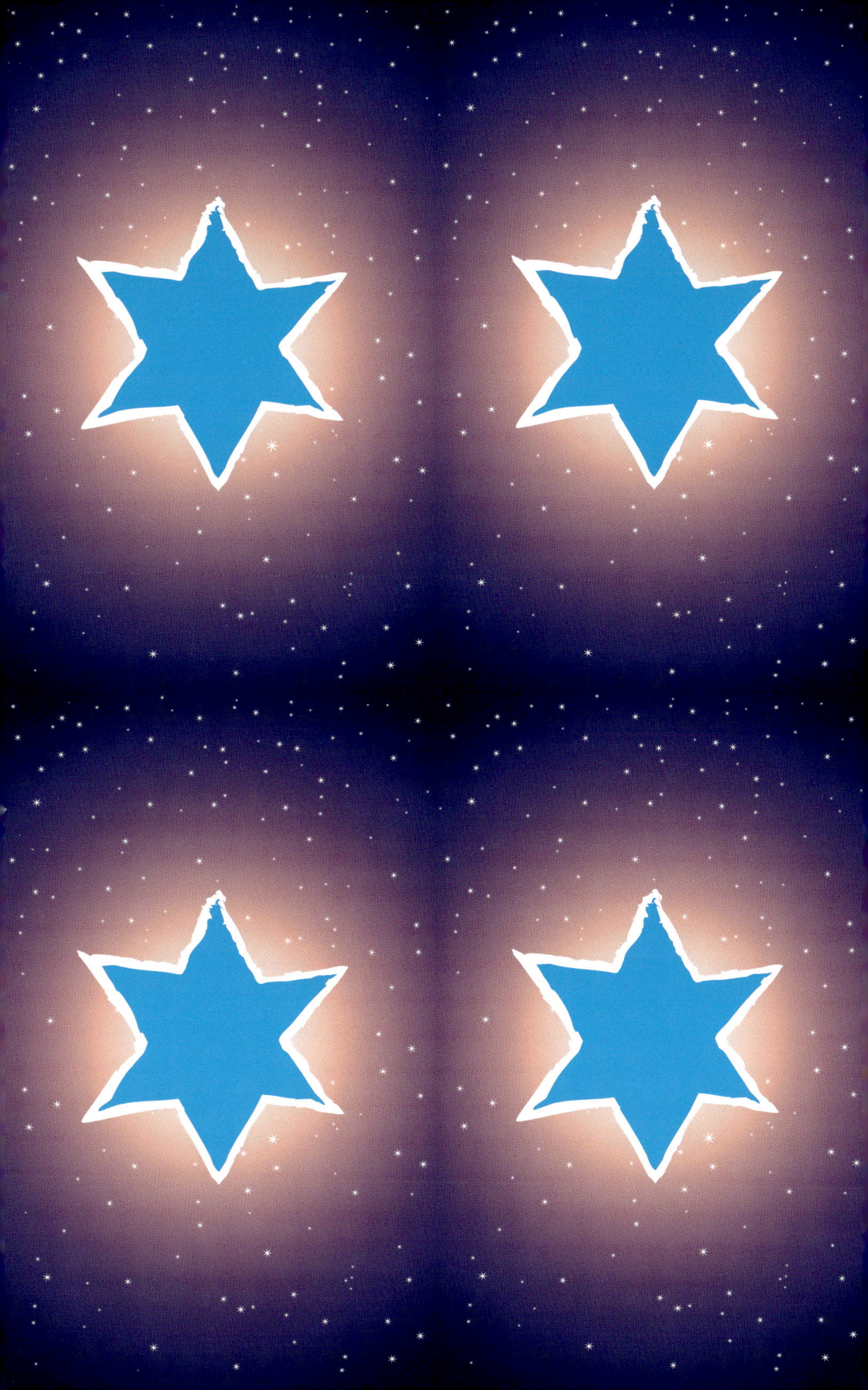

Grupo

Quando alguém lhe pede um favor, você tem direito de:
a) Dizer "não".
b) Negar o favor, mesmo que um amigo peça.
c) Você não pode negar esse favor por ser um amigo quem está pedindo.
d) "a" e "b" são verdadeiras.

R: "d".

Grupo

Dos pedidos a seguir, dois são inapropriados e, portanto, temos que negá-los enfaticamente: 1. Pedir dinheiro emprestado; 2. Pedir que os deixem ver uma conversa privada no WhatsApp; 3. Pedir a um amigo que deixe de falar com outro; 4. Pedir a alguém que nos ajude com um trabalho; 5. Pedir a um amigo que deixe provar sua merenda.

R: 2 e 3.

Grupo

Aprender a recusar um pedido:
a) Permite que os demais saibam o que vocês pensam e sentem sobre o assunto.
b) Faz com que se sintam bem, porque não precisam fazer algo que não querem fazer.
c) As alternativas "a" e "b" são verdadeiras.
d) As alternativas "a" e "b" são falsas.

R: "c".

Grupo

Mariana e Laura pedem a Sofia que, como prova de amizade, lhes dê sua senha de e-mail. Qual destas opções vocês acreditam que pode ser a mais adequada?
a) Não há problema em dar a senha a elas, já que não tenho nada privado que possam ver.
b) Dizer a elas um "não" enfático, já que não é um pedido apropriado.
c) Dizer um "não" tranquilo e dar alguma explicação do porquê está negando, já que é um pedido apropriado.

R: "b".

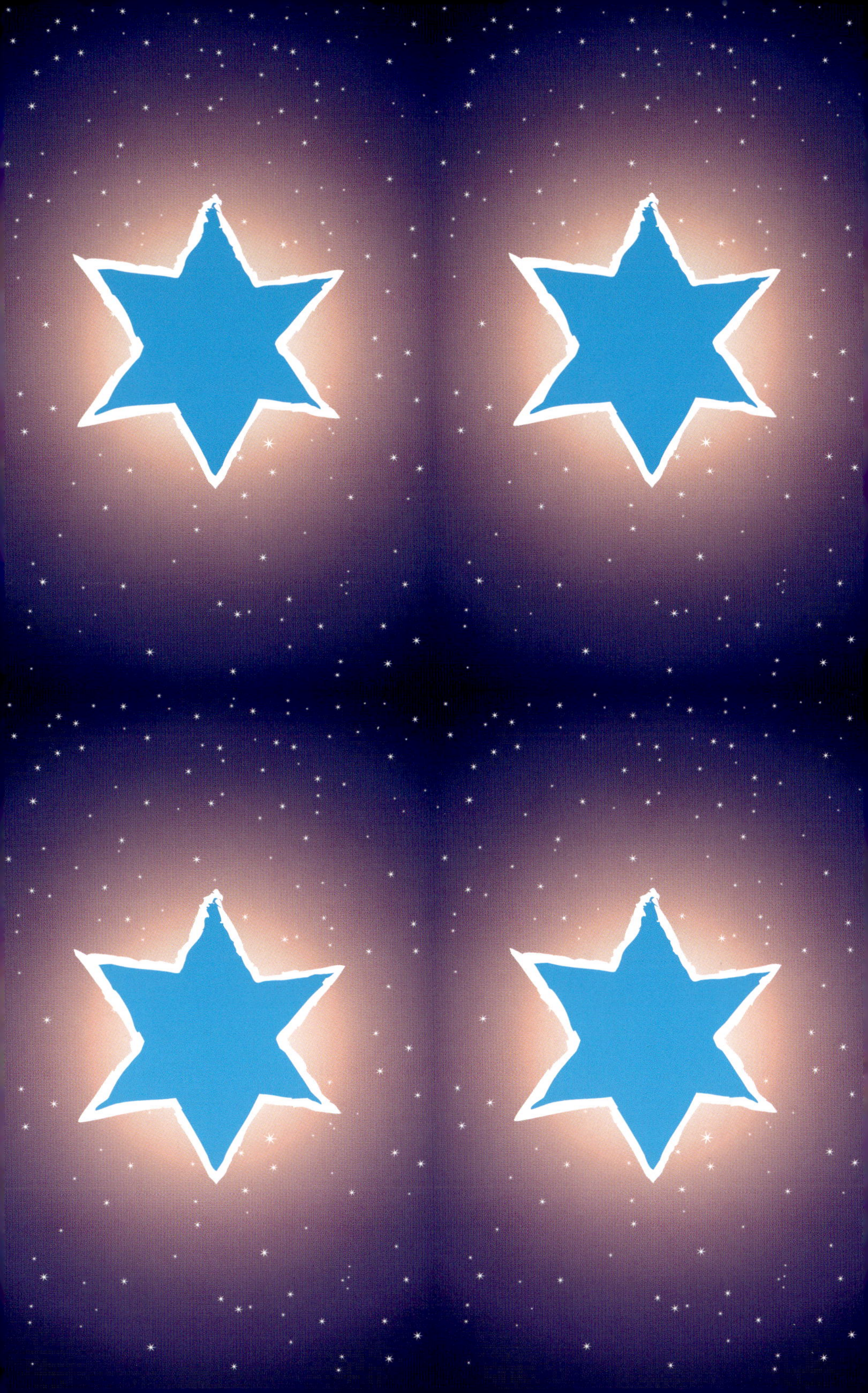

Grupo

Daniel diz a Vicente que se ele ficar no recreio com Henrique, vai parar de falar com ele. Qual destas opções vocês acreditam que pode ser a mais adequada para Vicente?

a) Deixar de falar com Henrique para não complicar sua relação com Daniel.
b) Não fazer o que Daniel pediu.
c) Insultar Daniel pelo que pediu.
d) Insultar Daniel e não fazer o que ele pediu.

R: "b".

Grupo

Faz alguns meses que Maria se encontra em uma situação complicada. Duas de suas colegas de turma zombam dela e, ultimamente, a trancam no banheiro durante alguns minutos, rindo dela. Das opções a seguir, qual vocês acreditam que seja a mais adequada?

a) Ser forte e não contar a ninguém o que acontece.
b) Pedir ajuda a algum colega ou dizer ao professor.
c) Chorar e brigar com elas para que a deixem em paz.
d) Fingir que não está incomodada.

R: "b".

Grupo

Todos os dias, Lucas deixa que João Pedro pegue parte de sua merenda para que não o incomode e o trate bem no recreio. Como Lucas deveria responder?

a) Deveria negar-se a dar sua merenda.
b) Deveria dar a João Pedro o que pede para não se meter em problemas com ele.
c) As duas alternativas anteriores poderiam resolver o problema de Lucas.

R: "a".

Grupo

Um amigo seu não para de incomodar Ângelo e pede a você que o ajude a esconder a mochila dele. 1. Que tipo de pedido seu amigo está fazendo? 2. Como poderia responder a ele?

R: 1. Desonesto. 2. De forma enfática, "Não, não quero esconder a mochila de Ângelo".

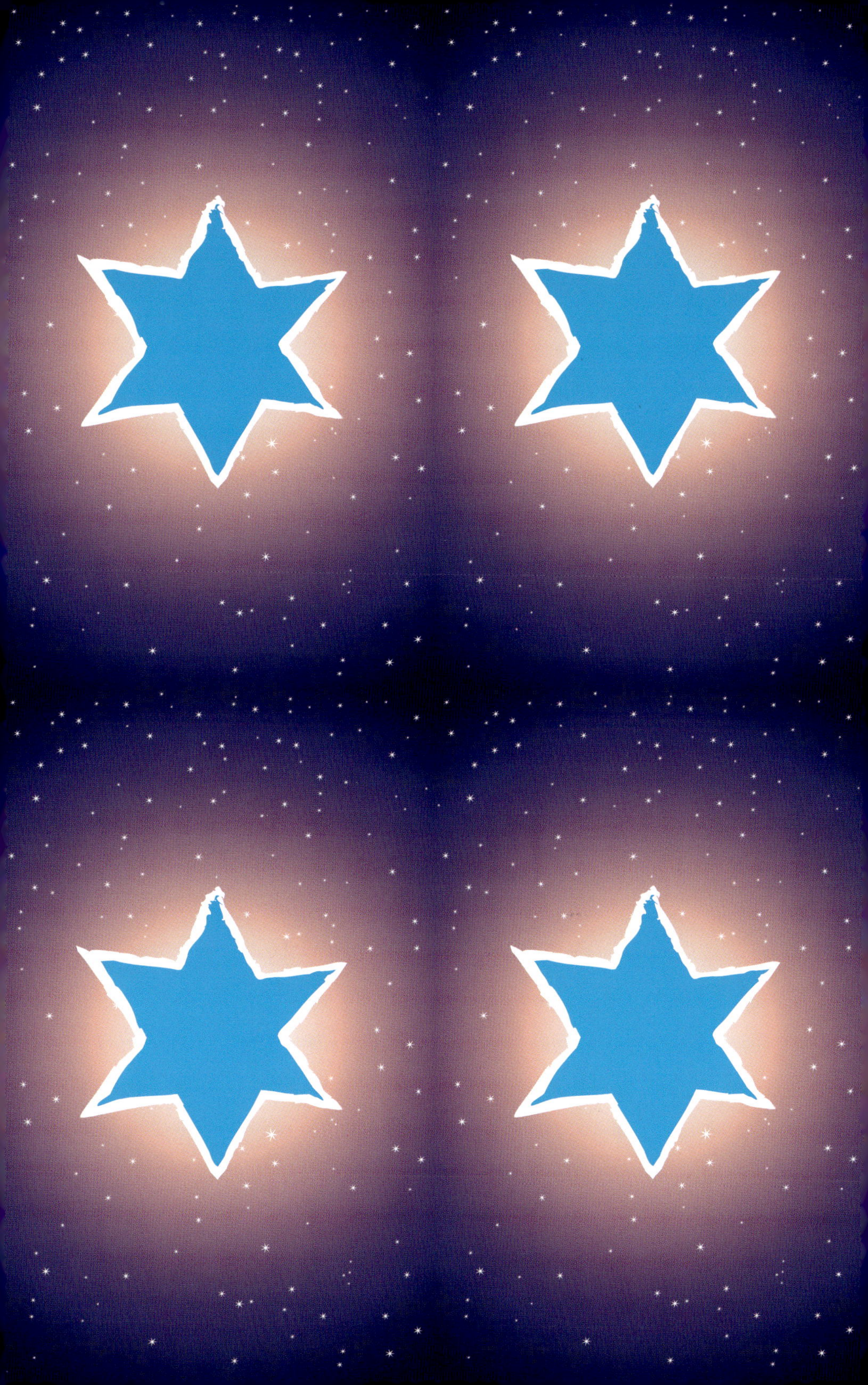

Grupo

Miguel criou um grupo em uma rede social do qual fazem parte todos os colegas de turma menos Marina. Por que devemos nos negar a entrar nesse grupo? Citem, ao menos, duas razões.

R: 1. Podemos fazer Marina se sentir mal; 2. Não é certo deixar uma colega fora do grupo.

Nota: Serão aceitas outras respostas similares.

Grupo

Uma colega de turma pediu a vocês que participem de uma brincadeira na qual devem fazer Nicole acreditar que amanhã haverá uma prova de matemática.
1. Por que devem negar-se a participar na brincadeira?
2. Como podem negar esse pedido?

R: 1. Podemos fazer Nicole se sentir mal; 2. "Não vamos participar da brincadeira. Nicole pode se sentir mal".

Nota: Serão aceitas outras respostas similares.

Grupo

Digam, ao menos, três razões pelas quais é importante saber fazer pedidos corretamente.

R: 1. É frequente que necessitemos algo dos demais; 2. Os demais vão conhecer nossas necessidades; 3. Se formulamos adequadamente o pedido, temos mais possibilidades de conseguir o que pedimos.

Nota: Serão aceitas outras respostas similares.

Grupo

Digam, ao menos, três razões pelas quais é importante saber recusar pedidos?

R: 1. Evitamos que os demais se aproveitem de nós; 2. Os demais conhecem nossa postura em relação a um pedido; 3. Nos metemos em menos problemas.

Nota: Serão aceitas outras respostas similares.

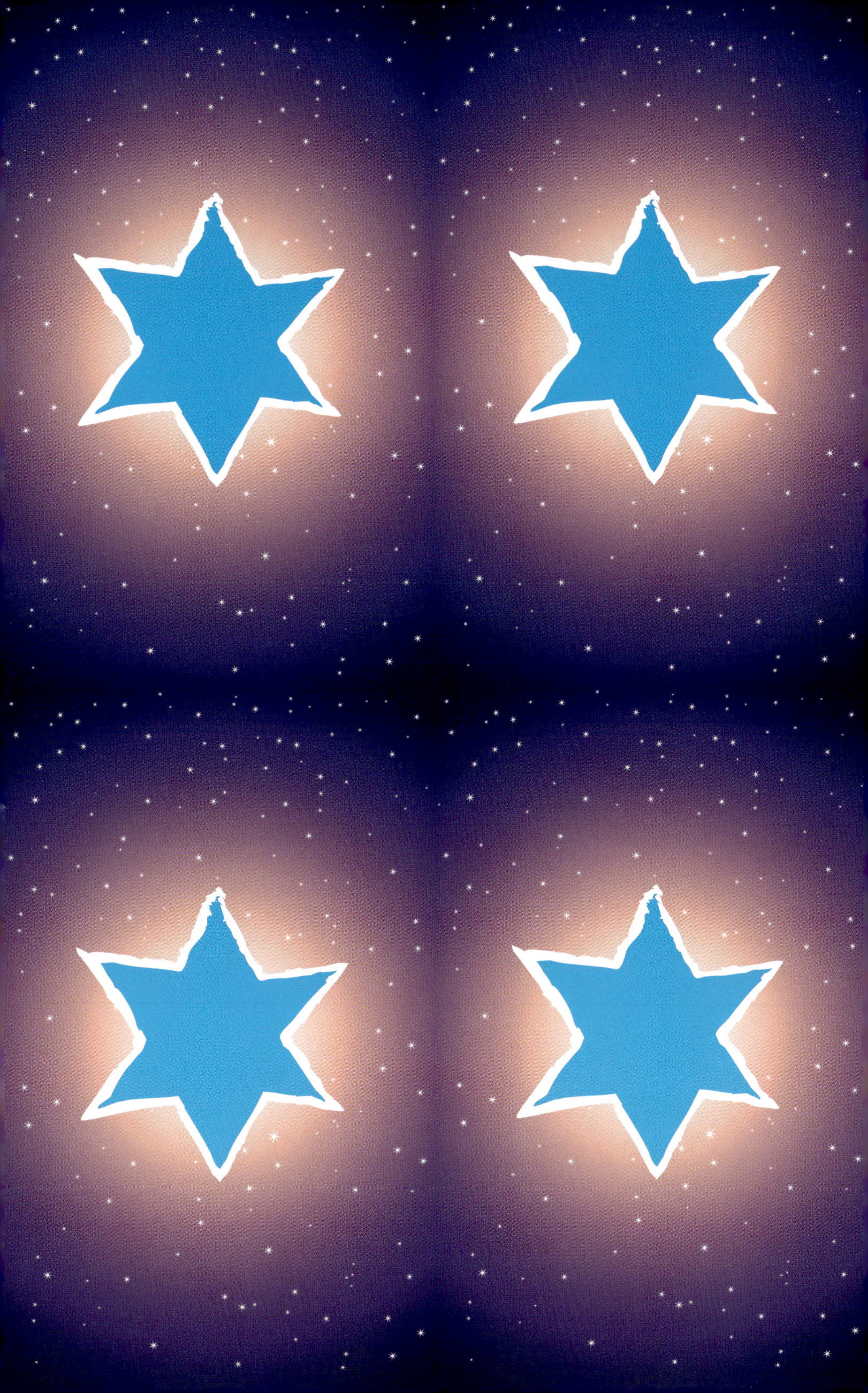

Grupo

Uma colega insiste para que Betina deboche de Paula, uma menina de outra turma. O pedido feito a Betina:
1. É honesto ou desonesto? 2. Como Betina poderia negar esse pedido?

R: 1. Desonesto; 2. De forma enfática, "Não quero debochar da Paula".

Grupo

Um menino de outra turma não para de incomodar você, que o ameaça de contar a um adulto caso ele não pare. O menino acusa você de "dedo-duro" se contar a um professor. Qual destas alternativas é a correta?

a) Não é covardia afastar-se de uma situação que causa incômodo.
b) Pedir ajuda quando se necessita não é ser "dedo-duro", é ser inteligente.
c) As duas alternativas anteriores estão corretas.

R: "c".

Grupo

Pedro pede a Guilherme que lhe empreste dinheiro para comprar um lanche. O pedido que Pedro faz:

1. É honesto ou desonesto?
2. Como Guilherme poderia negar esse pedido?

R: 1. Honesto; 2. De forma amável, dando uma explicação, "Sinto muito, Pedro, mas não tenho dinheiro para emprestar. Se quiser, posso dividir meu lanche com você".

Grupo

Cada membro do grupo, sem ajuda dos colegas, tem que dar um exemplo de um pedido honesto.

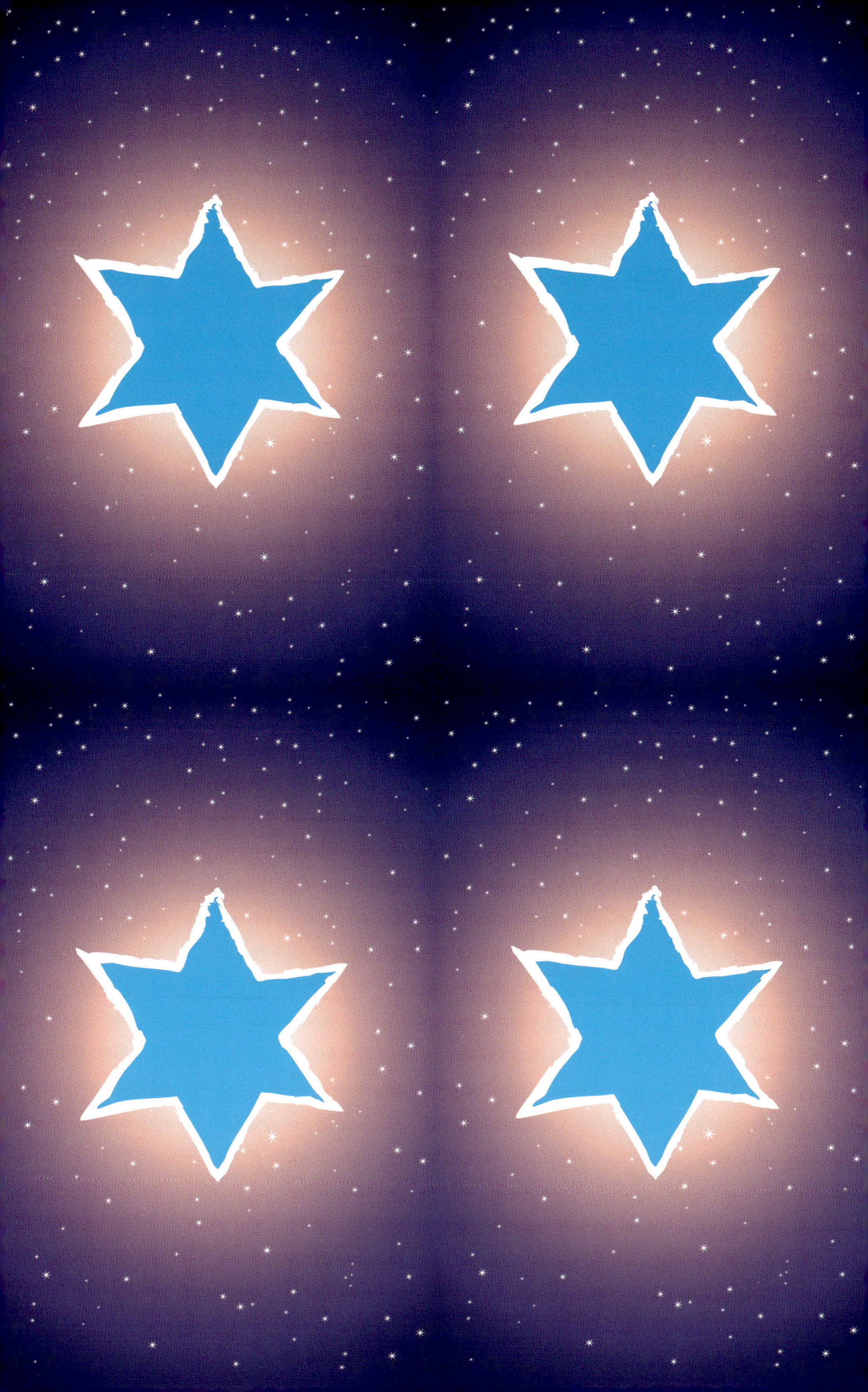

Grupo

Um grupo de meninos e meninas cria problemas com sua amiga e com você. O que podemos fazer? Digam, ao menos, três coisas que é possível fazer.

R: 1. Afastar-se da situação caso esteja em perigo; 2. Fazer de conta que não ouviu; 3. Procurar ajuda de um adulto.

Nota: Serão aceitas outras respostas similares.

Grupo

Uma colega de turma pede que você faça o dever de casa dela. Como se recusaria esse pedido da forma correta?

R: "Sinto muito, mas você faz o seu; eu já fiz o meu".

Nota: Serão aceitas outras respostas similares.

Grupo

Yasmim pediu a Eduardo que vá com ela a biblioteca estudar no recreio, mas Eduardo combinou de jogar futebol com seus amigos. Como Eduardo poderia negar o pedido feito por Yasmim, seguindo um estilo de comportamento assertivo?

R: "Sinto muito, Yasmim, hoje estou com vontade de jogar futebol com meus amigos. Quem sabe amanhã?".

Grupo

Você vai à casa de uma colega de turma para fazer um trabalho e não sabe muito bem por onde ir. Como perguntaria o caminho a uma pessoa adulta?

R: "Desculpe, saberia me dizer onde fica este endereço?". "Obrigado".

Nota: Serão aceitas outras respostas similares.

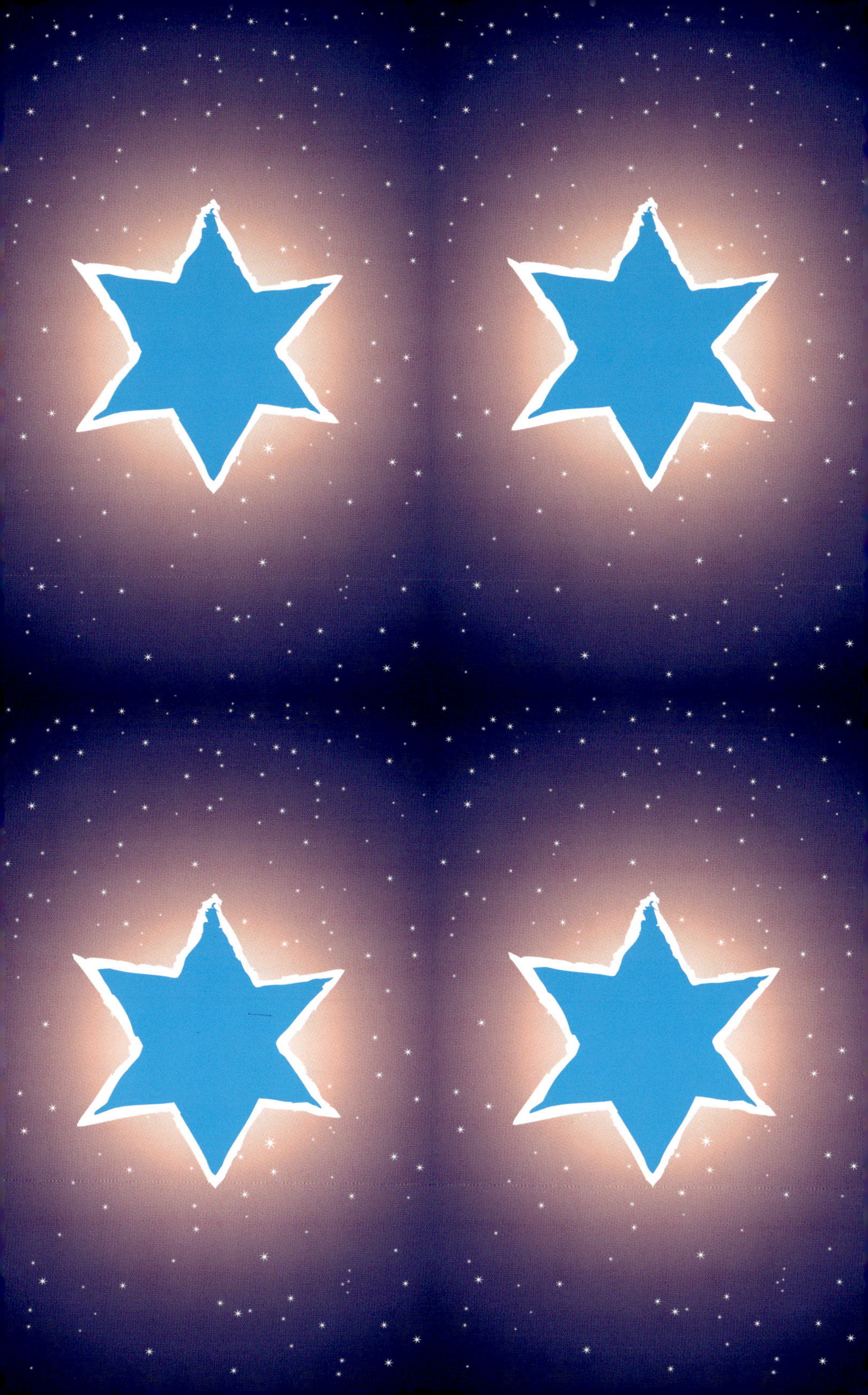

Grupo

Algumas colegas de turma planejam fazer uma brincadeira com Sara para rir dela, mandando a ela bilhetes de amor de um colega. Sua amiga insiste que você participe. O que deveríamos dizer nessa situação?

R: "Sinto muito, mas não vou participar. Não me parece certo fazer uma brincadeira de mau gosto com uma colega, porque ela pode se sentir mal".

Nota: Serão aceitas outras respostas similares.

Individual

Um colega de turma lhe diz: "Se quiser ser meu amigo, deve levantar a saia de uma menina".
1. Que tipo de pedido ele está fazendo a você?
2. Que habilidade social você deveria pôr em prática?

R: 1. Pedido desonesto (não deve ser feito); 2. Recusar pedidos ou dizer "não".

Individual

Um colega lhe diz: "Se quiser que eu convide você para o meu aniversário, precisa puxar o cabelo da Manuela".
1. Que tipo de pedido seu colega está fazendo?
2. Como poderia responder a esse pedido?

R: 1. Pedido desonesto (não deve ser feito); 2. "Não, não vou puxar o cabelo da Manuela".

Individual

Se um desconhecido lhe disser "Acompanhe-me até o carro e eu lhe darei um presente", que habilidade social você deveria pôr em prática?

R: Recusar pedidos ou dizer "não". Por ser uma pessoa desconhecida, não sabemos as intenções que pode ter.

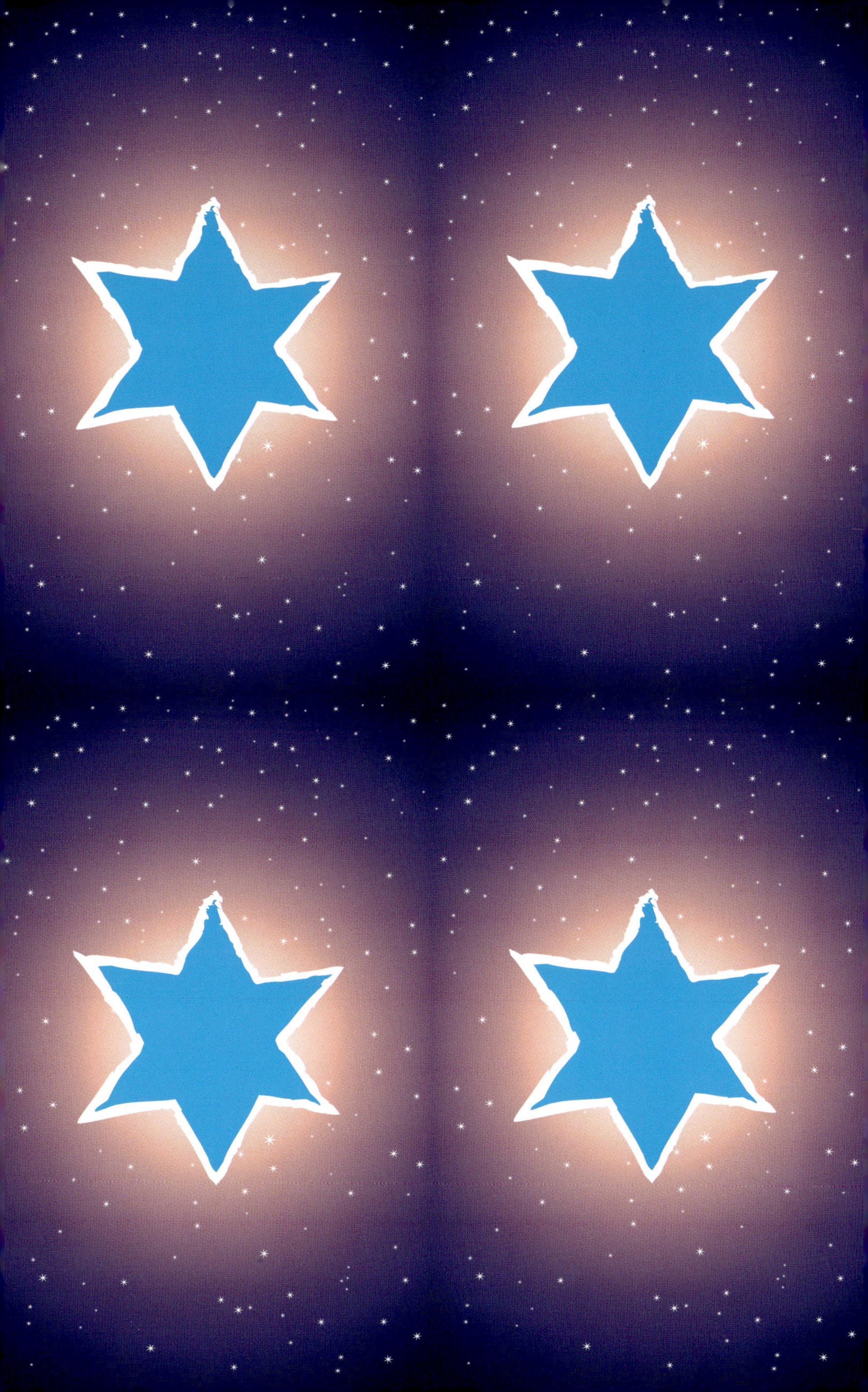

Individual

Se um colega pede para namorar com você, mas você não quer: 1. Que tipo de pedido seu colega está fazendo? 2. Como você poderia recusar o pedido de forma amável?

R: 1. Pedido honesto; 2. "Sinto muito, mas prefiro que continuemos sendo amigos".

Nota: Serão aceitas outras respostas similares.

Grupo

Algumas colegas de turma dizem que você precisa levar 2 reais todos os dias se quiser fazer parte de seu grupo de amigas. 1. Que tipo de pedido estão fazendo a você? 2. Como você poderia recusar esse pedido?

R: 1. Pedido desonesto. 2. "Sinto muito, mas não vou trazer dinheiro para vocês".

Nota: Serão aceitas outras respostas similares.

Individual

Um amigo tem a intenção de bater em uma colega da escola e quer que você se una a ele. Como recusaria o pedido de forma adequada?

R: "Não vou fazer o que você está pedindo, pois isso está errado. Você também não deveria fazê-lo".

Nota: Serão aceitas outras respostas similares.

Individual

Uma amiga insiste para que você a deixe copiar um trabalho de aula. Como você recusaria esse pedido de forma adequada?

R: "Você sabe que não tenho problema em ajudá-la a fazer o trabalho, mas não posso deixar que copie o meu".

Nota: Serão aceitas outras respostas similares.

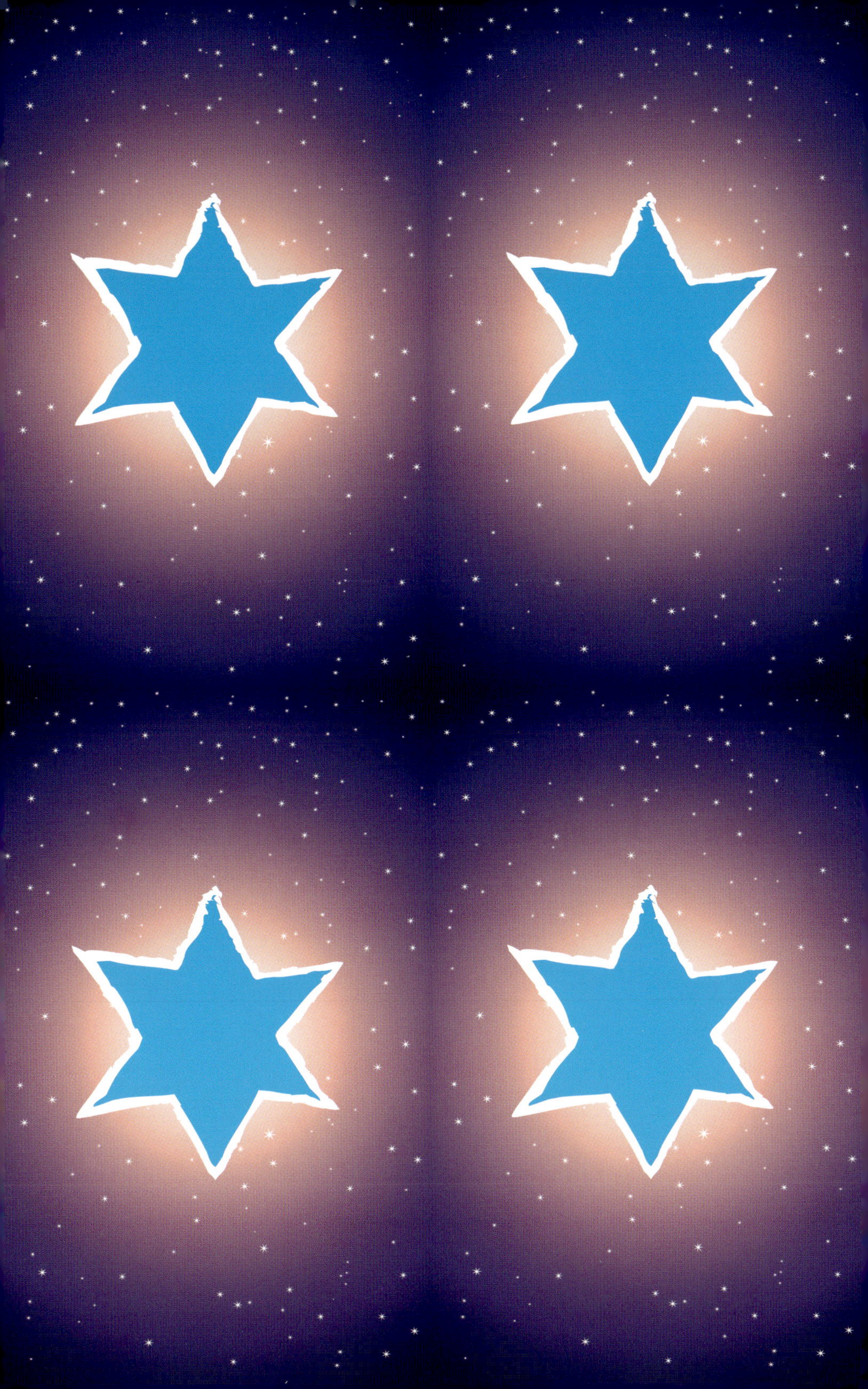

Individual

Uma amiga pede que você coloque um alfinete na cadeira da professora. Como você recusaria esse pedido de forma adequada?

R: "Não vou fazer o que você está pedindo, pois isso está errado. Você também não deveria fazê-lo".

Nota: Serão aceitas outras respostas similares.

Individual

Como você pediria ajuda a um colega de turma para procurar sua jaqueta?

R: "Por favor, você poderia....?", "Você se importaria de...?", "Obrigado".

Individual

Peça a um colega de turma, que seja bom em matemática, que o ajude a fazer as atividades.

R: "(Nome do colega), você se importaria de me ajudar com matemática?", "Obrigado".

Individual

Como você negaria o pedido de um colega que diz para você fazer seus exercícios de matemática?

R: "Não vou fazê-los para você. Se quiser, posso ajudá-lo".

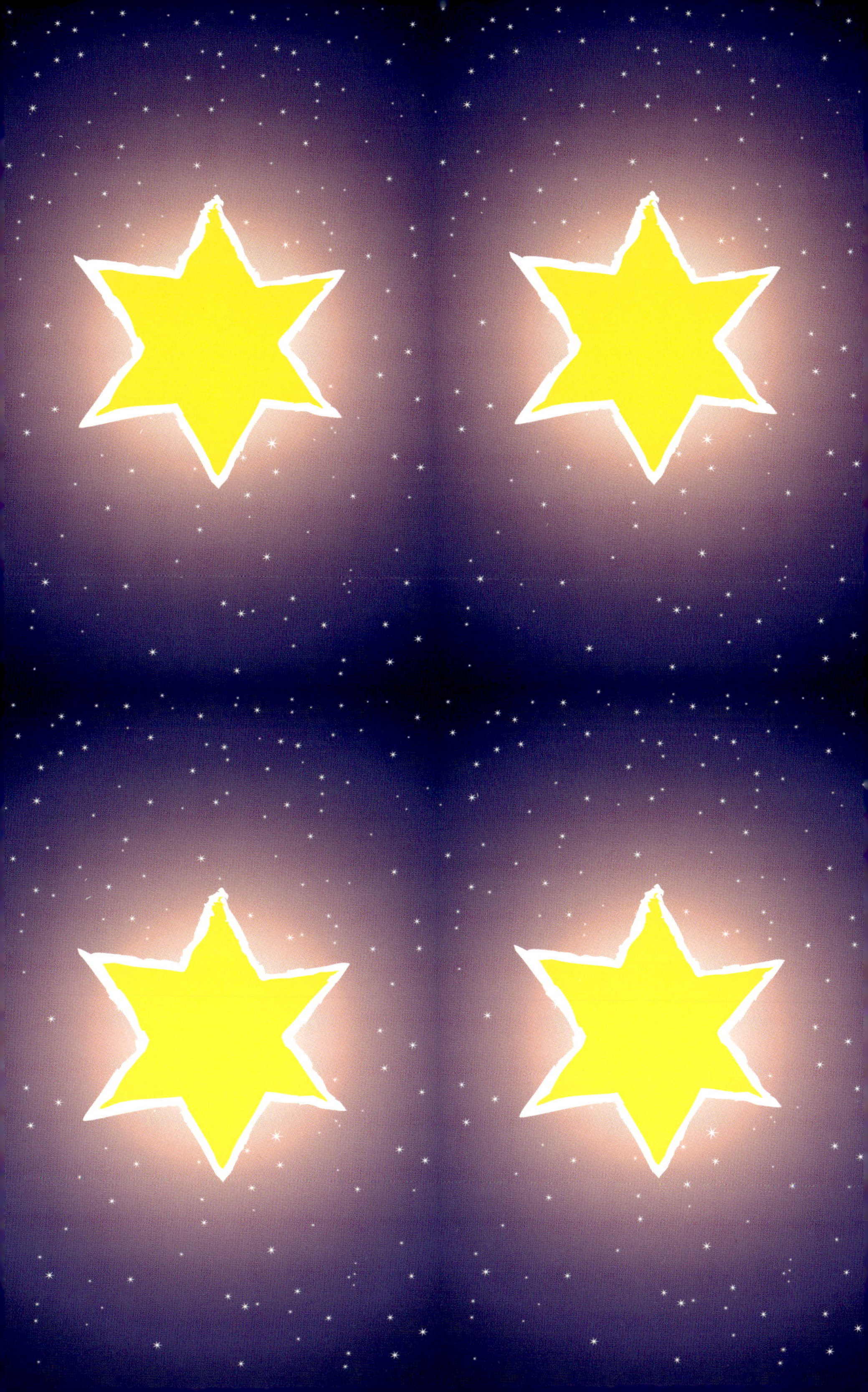

Grupo

Um amigo o está evitando, mas você não sabe por quê. Indiquem, ao menos, quatro motivos pelos quais ele poderia não querer falar com você.

R: 1. Porque você não o esperou para irem juntos à escola; 2. Porque você contou um segredo dele; 3. Porque ficou sabendo que você colocou um apelido nele; 4. Porque você não o convidou para ir ontem à sua casa.

Nota: Serão aceitas outras respostas similares.

Grupo

Você chega em casa e nota que sua mãe está aborrecida. Indiquem, ao menos, quatro possíveis motivos pelos quais ela pode estar aborrecida.

R: 1. Porque a comida queimou; 2. Porque teve uma discussão com meu pai; 3. Porque fui à escola sem arrumar a cama; 4. Porque teve um dia ruim no trabalho.

Nota: Serão aceitas outras respostas similares.

Grupo

Mônica não para de chorar durante o recreio. Indiquem, ao menos, quatro possíveis causas para ela estar chorando.

R: 1. Porque não encontra sua merenda; 2. Porque está com dor de cabeça; 3. Porque ninguém quer brincar com ela; 4. Porque um colega a provocou.

Nota: Serão aceitas outras respostas similares.

Grupo

O professor está chateado com Marcelo. Indiquem, ao menos, quatro possíveis motivos pelos quais ele pode estar chateado.

R: 1. Porque não fez os deveres; 2. Porque está conversando enquanto o professor está explicando; 3. Porque faltou com respeito ao professor; 4. Porque colou em uma prova.

Nota: Serão aceitas outras respostas similares.

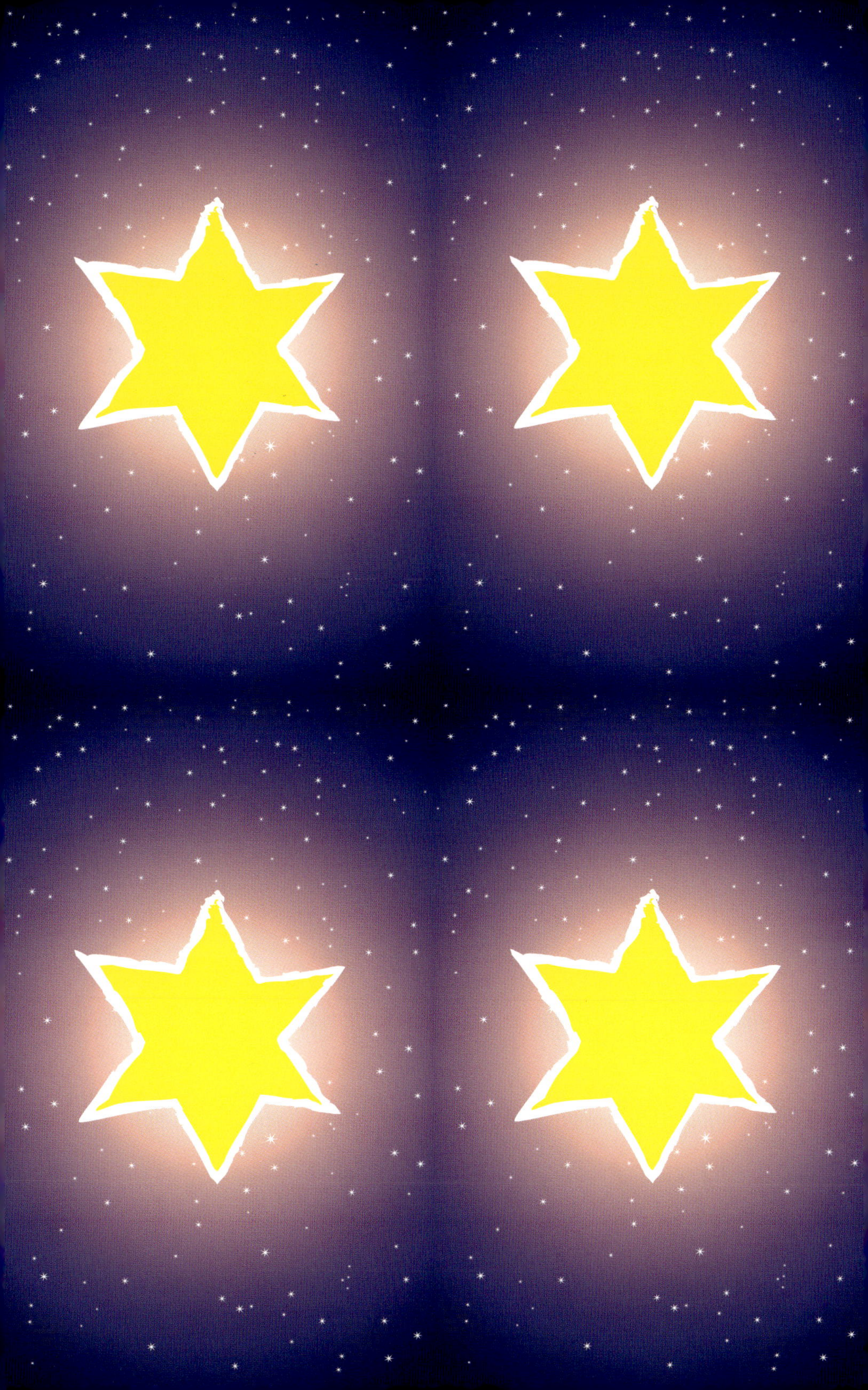

Grupo

Vocês estão no recreio decidindo de que querem brincar: alguns querem brincar de esconde-esconde, outros de polícia e ladrão. Seguindo o passo 1 para resolver problemas interpessoais, busquem, ao menos, três soluções possíveis diante do problema.

Lembrete: O passo 2 consiste em gerar alternativas sem avaliá-las nem as julgar como possíveis soluções.

Grupo

Seguindo o passo 3 para resolver problemas interpessoais, o que pode acontecer se eu bater em um colega na escola? Indiquem, ao menos, quatro consequências possíveis.

Lembrete: O passo 3 consiste em prever as consequências positivas e negativas sobre nosso comportamento.

Grupo

Seguindo o passo 3 para resolver problemas interpessoais, o que pode acontecer se vocês ajudam um colega com os deveres? Indiquem, ao menos, quatro consequências possíveis.

Lembrete: O passo 3 consiste em prever as consequências positivas e negativas sobre nosso comportamento.

Grupo

Seguindo o passo 3 para resolver problemas interpessoais, o que pode acontecer se vocês insultarem um colega? Indiquem, ao menos, quatro consequências possíveis.

Lembrete: O passo 3 consiste em prever as consequências positivas e negativas sobre nosso comportamento.

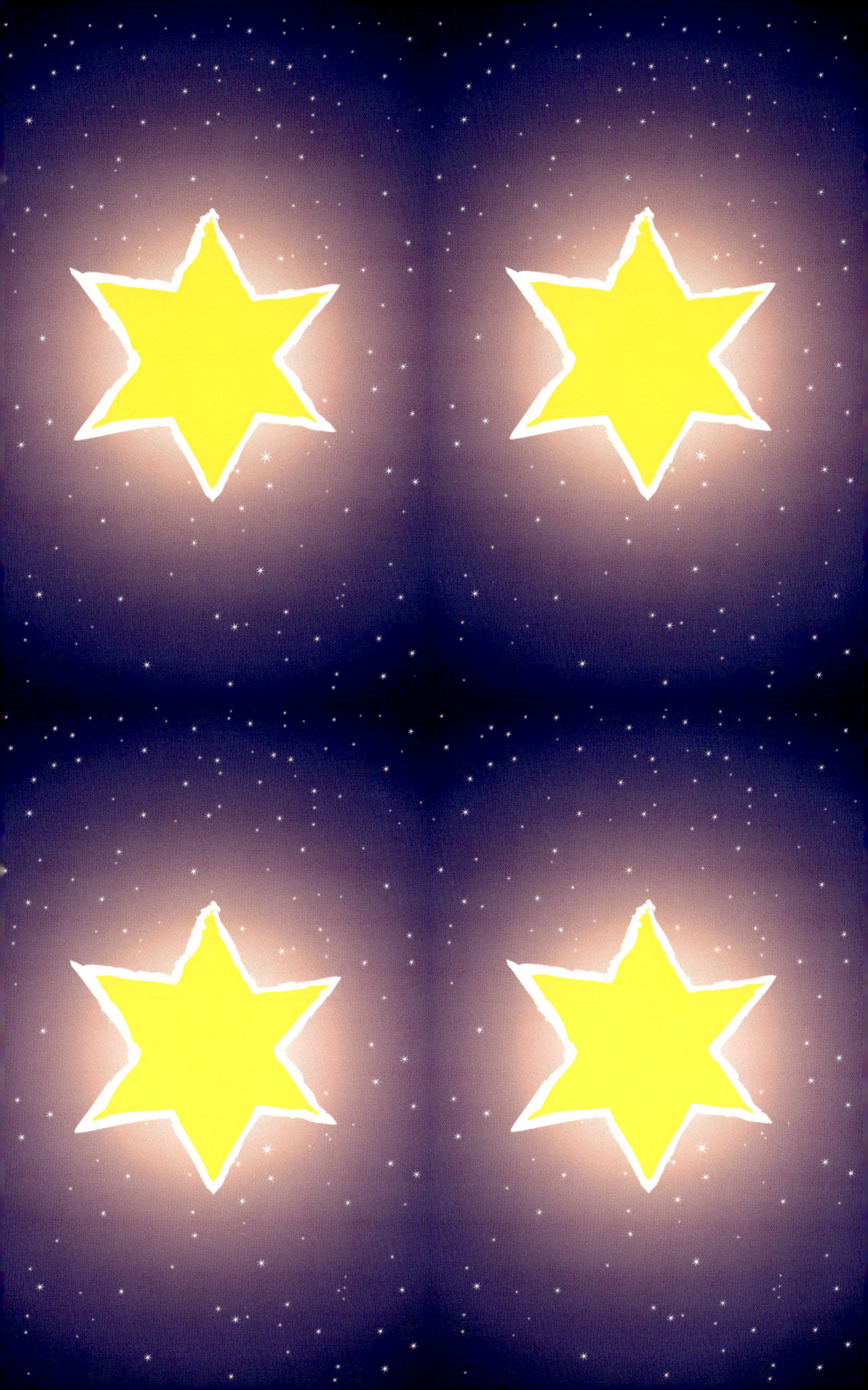

Grupo

Amanda é uma colega de turma que não tem com quem brincar; os demais a rejeitam porque é negra. 1. Como vocês acham que Amanda pode estar se sentindo? Citem, ao menos, três sentimentos que ela pode estar vivenciando. 2. O que podem fazer para que Amanda se sinta feliz?

R: 1. Triste, sozinha, deprimida e chateada; 2. Convidá-la para participar das brincadeiras.

Nota: Serão aceitas outras respostas similares.

Grupo

Abdul é um menino árabe que acaba de chegar ao Brasil e não conhece ninguém. 1. Como vocês acham que Abdul pode estar se sentindo? Citem, ao menos, três sentimentos que ele pode estar vivenciando. 2. O que poderiam fazer para que Abdul se sentisse mais contente no Brasil?

R: 1. Assustado, triste, sozinho, chateado; 2. Nos apresentarmos e deixar que faça parte do grupo.

Nota: Serão aceitas outras respostas similares.

Grupo

Vanessa é sempre quem decide de que vão brincar, sem se importar com os demais. Laura diz a ela que tem vontade de brincar de outra coisa. 1. Em que estilo de comportamento podemos encaixar Vanessa? E Laura? 2. Como Laura poderia expressar seu desacordo de forma assertiva?

R: 1. Vanessa = comportamento agressivo, Laura = comportamento assertivo; 2. "Vanessa, você é uma boa amiga, mas me incomoda que sempre tenhamos que brincar do que você diz. Nas próximas vezes, também queremos poder escolher as brincadeiras".

Nota: Serão aceitas outras respostas similares.

Grupo

Quais são, em ordem, os seis passos que é preciso considerar para resolver um problema interpessoal?

R: Identificar o problema, buscar soluções, prever consequências, escolher uma solução, implementar a solução e avaliar os resultados.

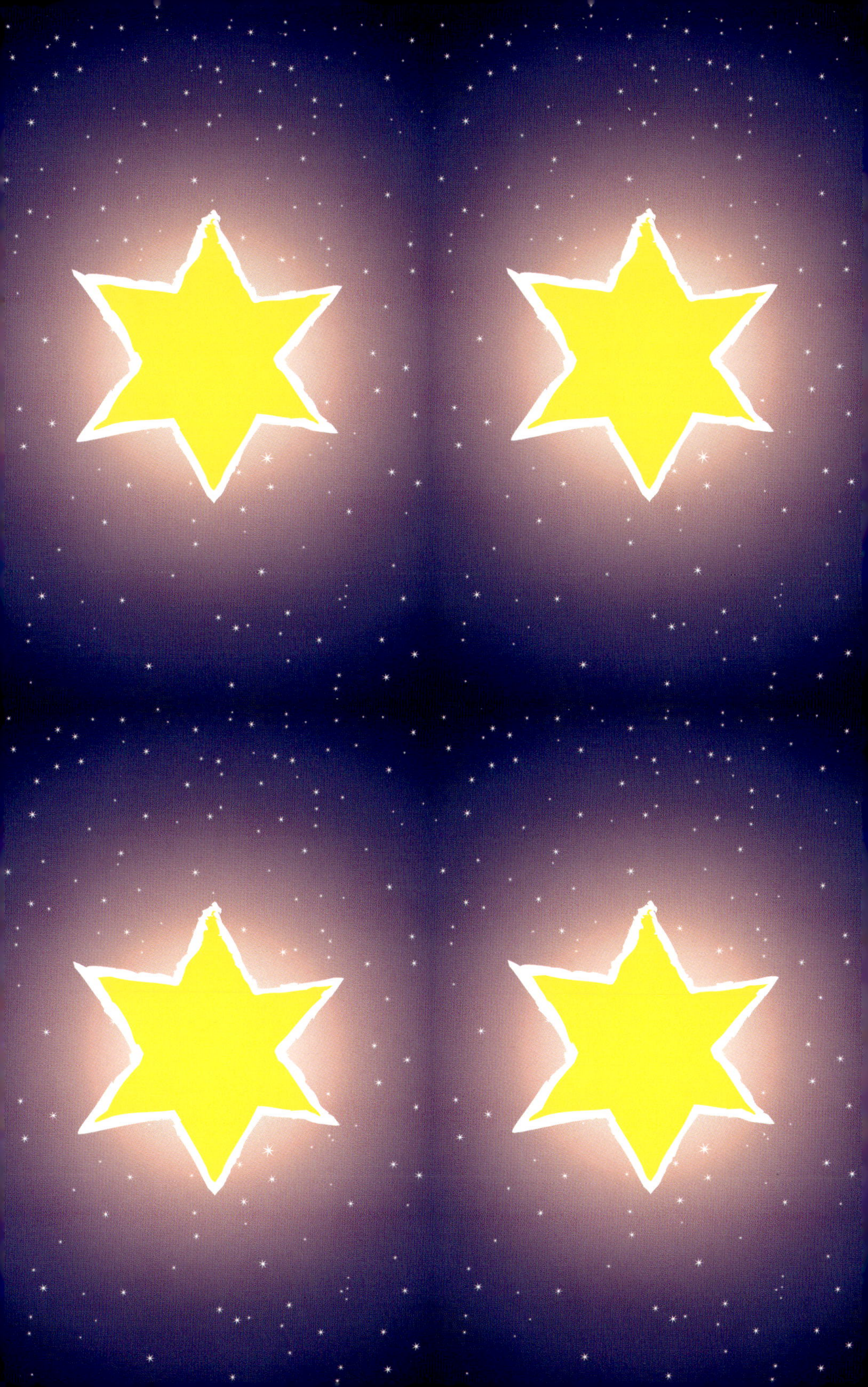

Grupo

Murilo pede emprestada uma caneta ao colega Vinícius. Este responde que sente muito, pois agora está usando a caneta, mas que quando terminar o que está fazendo ele a emprestará. Quais são as duas habilidades sociais que estão colocando em prática?

R: Murilo = fazer pedidos; Vinícius = recusar pedidos.

Grupo

Miguel ri e zomba de um homem porque usa muletas. Ele pede que seu amigo Pedro zombe dele também. Pedro, embora não quisesse fazê-lo, obedece e agora se sente mal. 1. Em que estilo ce comportamento podemos encaixar Miguel? E Pedro? 2. Como vocês se sentiriam se alguém zombasse de vocês? Digam, ao menos, três sentimentos que vocês poderiam estar vivenciando nessa situação.

R: 1. Miguel = comportamento agressivo, Pedro = comportamento passivo; 2. Incomodado, triste, magoado.

Grupo

Um colega está contando aos outros que João Gabriel colou na prova de matemática e isso não é verdade. João Gabriel está chateado com esse colega, mas não se arrisca a dizer nada. 1. Em que estilo de comportamento podemos encaixar João Gabriel? 2. Que habilidade social João Gabriel deveria colocar em prática?

R: 1. Comportamento passivo; 2. Expressar sentimentos negativos ou expressar críticas.

Grupo

Digam, ao menos, quatro características que definam o estilo de comportamento passivo.

R: 1. Tem dificuldade em fazer amigos; 2. Pensa mais nos outros do que em si mesmo; 3. Não resolve os problemas, os evita; 4. Deixa que lhe digam o que tem que fazer.

Nota: Serão aceitas outras respostas similares.

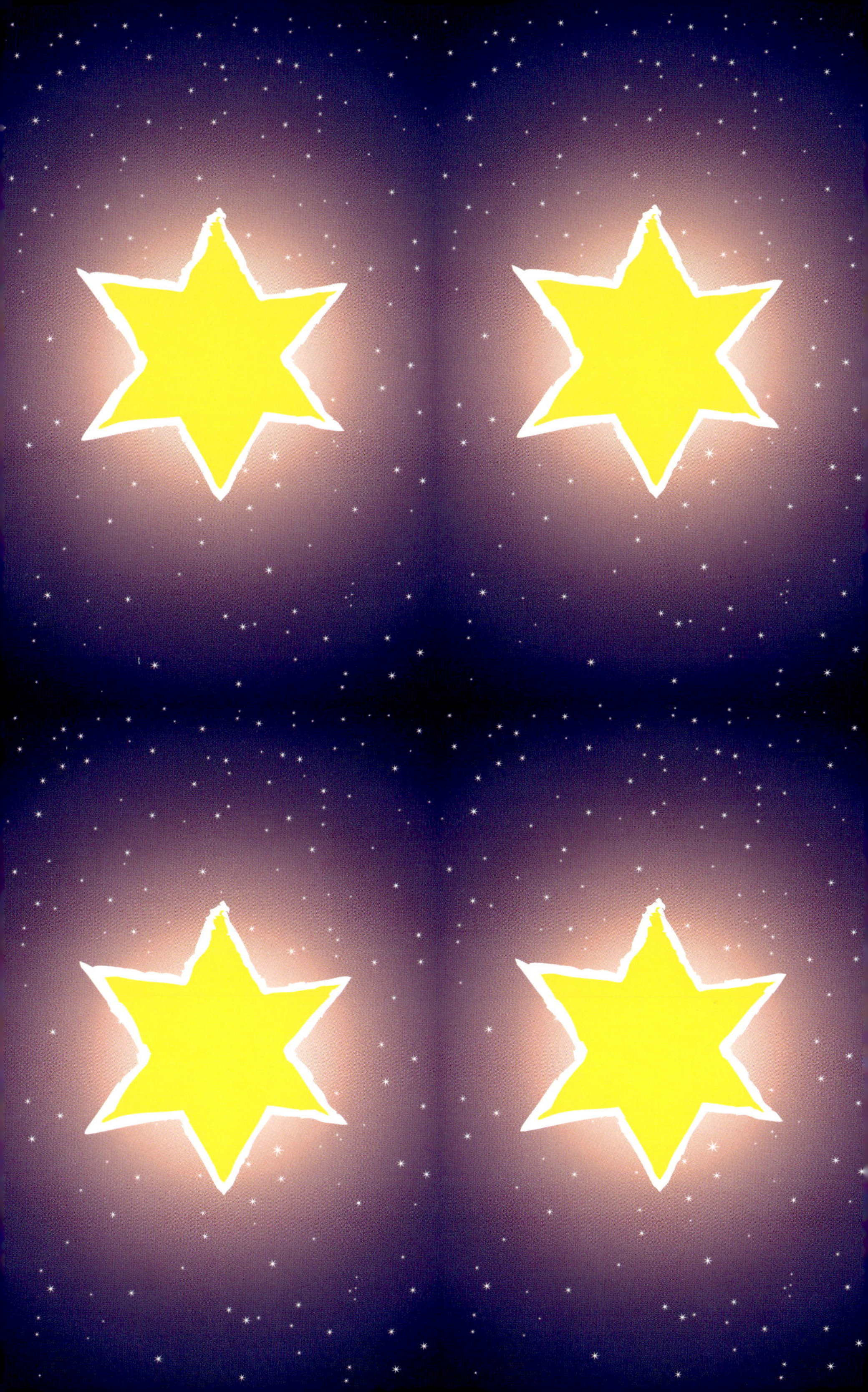

Grupo

Citem, ao menos, quatro características que definam o estilo de comportamento agressivo.

R: 1. Impõe suas decisões; 2. Pensa mais em si mesmo do que nos demais; 3. Não resolve os problemas, os piora; 4. Fere os demais.

Nota: Serão aceitas outras respostas similares.

Grupo

Citem, ao menos, quatro características que definam o estilo de comportamento assertivo.

R: 1. Diz o que pensa, sem ofender; 2. Pensa em si mesmo e nos demais; 3. Resolve os problemas conversando; 4. Respeita os demais e se faz respeitar.

Nota: Serão aceitas outras respostas similares.

Grupo

Gustavo é um menino muito tímido. Quando a professora não está vendo, Bernardo aproveita para atirar coisas em Gustavo, rir dele e mandar os colegas não falarem com ele. Citem, ao menos, três possíveis soluções com as quais poderiam ajudar Gustavo.

R: 1. Solicitar ajuda de um adulto; 2. Apoiar e ajudar Gustavo; 3. Ignorar Bernardo, não rindo quando mexe com Gustavo.

Nota: Serão aceitas outras respostas similares.

Grupo

Há duas meninas da turma que todos os dias fazem alguma maldade para Beatriz (chutando-a, quebrando suas coisas e escondendo-as). Ela não diz nada porque tem medo delas. Citem ao menos três possíveis soluções com as quais poderiam ajudar Beatriz.

R: 1. Solicitar ajuda de um adulto; 2. Apoiar e ajudar Beatriz para que não esteja sozinha; 3. Dizer às duas meninas que a atitude delas está muito errada (expressar uma crítica).

Nota: Serão aceitas outras respostas similares.

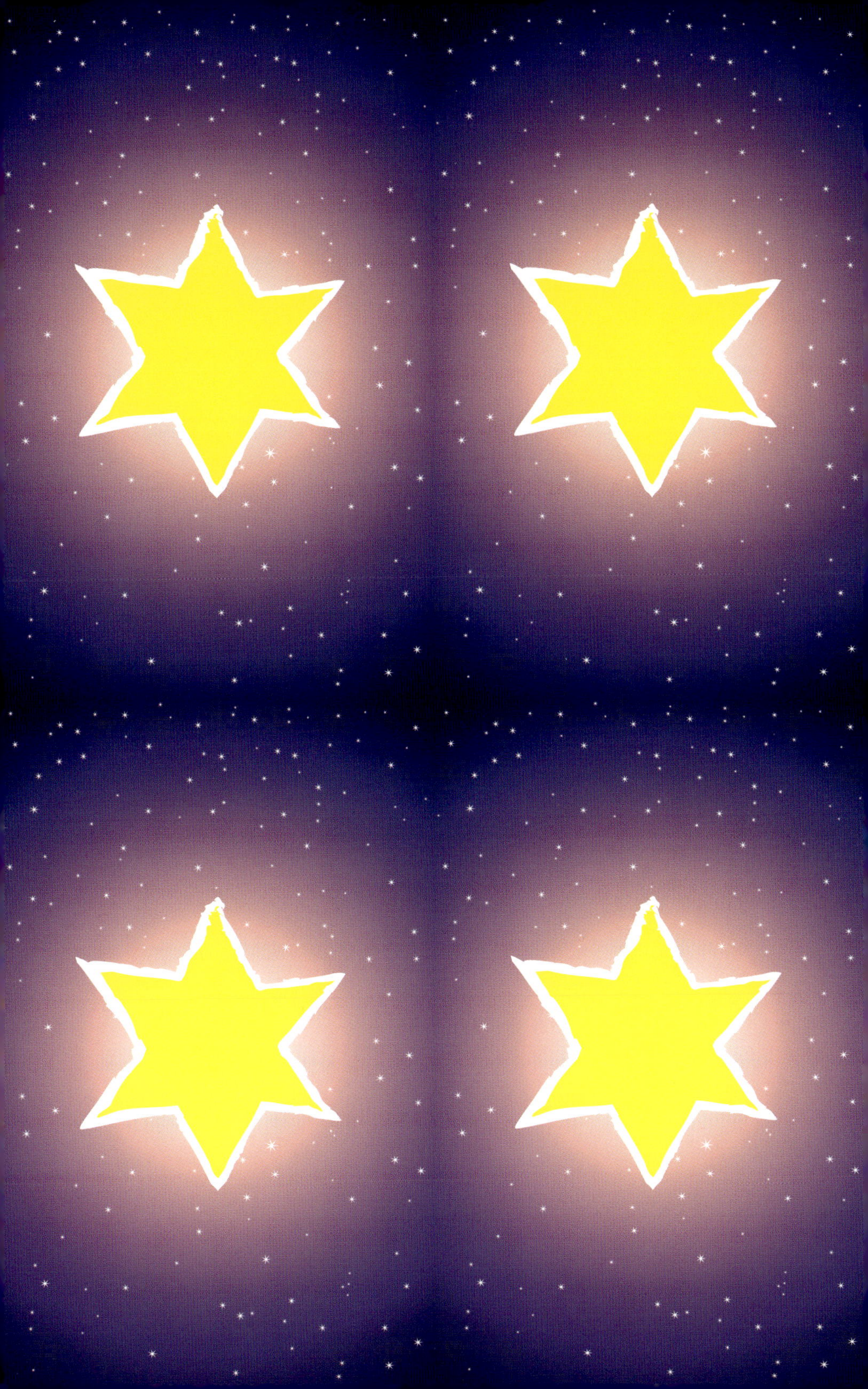

Individual

Você está jogando com um amigo e percebe que ele está trapaceando; você fica chateado, mas não diz nada a ele porque prefere não provocar um conflito.

Essa resposta é:

a) Agressiva.
b) Passiva.
c) Assertiva.

R: "b".

Grupo

Um grupo de meninos mais velhos começa a provocá-los, procurando briga. Seguindo o passo 2 para resolver problemas interpessoais, citem, ao menos, quatro coisas que podem fazer nessa situação.

R: 1. Ignorá-los; 2. Responder a eles com tranquilidade dizendo o que pensam; 3. Afastar-se da situação; 4. Falar com algum adulto.

Nota: Serão aceitas outras respostas similares.

Lembrete: O passo 2 consiste em gerar alternativas sem avaliá-las nem as julgar como possíveis soluções.

Individual

Das respostas a seguir, somente uma corresponde a um estilo de comportamento assertivo. Joaquim gosta de criar problemas e insultou João. Este responde:

a) Devolvendo o insulto.
b) Escondendo do seu professor, porque não sabe o que fazer.
c) Dando-lhe um tapa para que cale a boca.
d) Ignorando o insulto de Joaquim, porque não vale a pena se envolver em um problema.

R: "d".

Grupo

Alguém da turma espalhou um boato sobre um colega dizendo que ele tem uma doença contagiosa. Agora ninguém quer aproximar-se dele. O que podemos fazer? Citem, ao menos, três possíveis soluções com as quais poderíamos ajudar o colega.

R: 1. Solicitar ajuda ao professor; 2. Apoiar e ajudar o colega para que não esteja sozinho; 3. Fazer com que os demais vejam que o boato é falso, andando com ele no recreio.

Nota: Serão aceitas outras respostas similares.

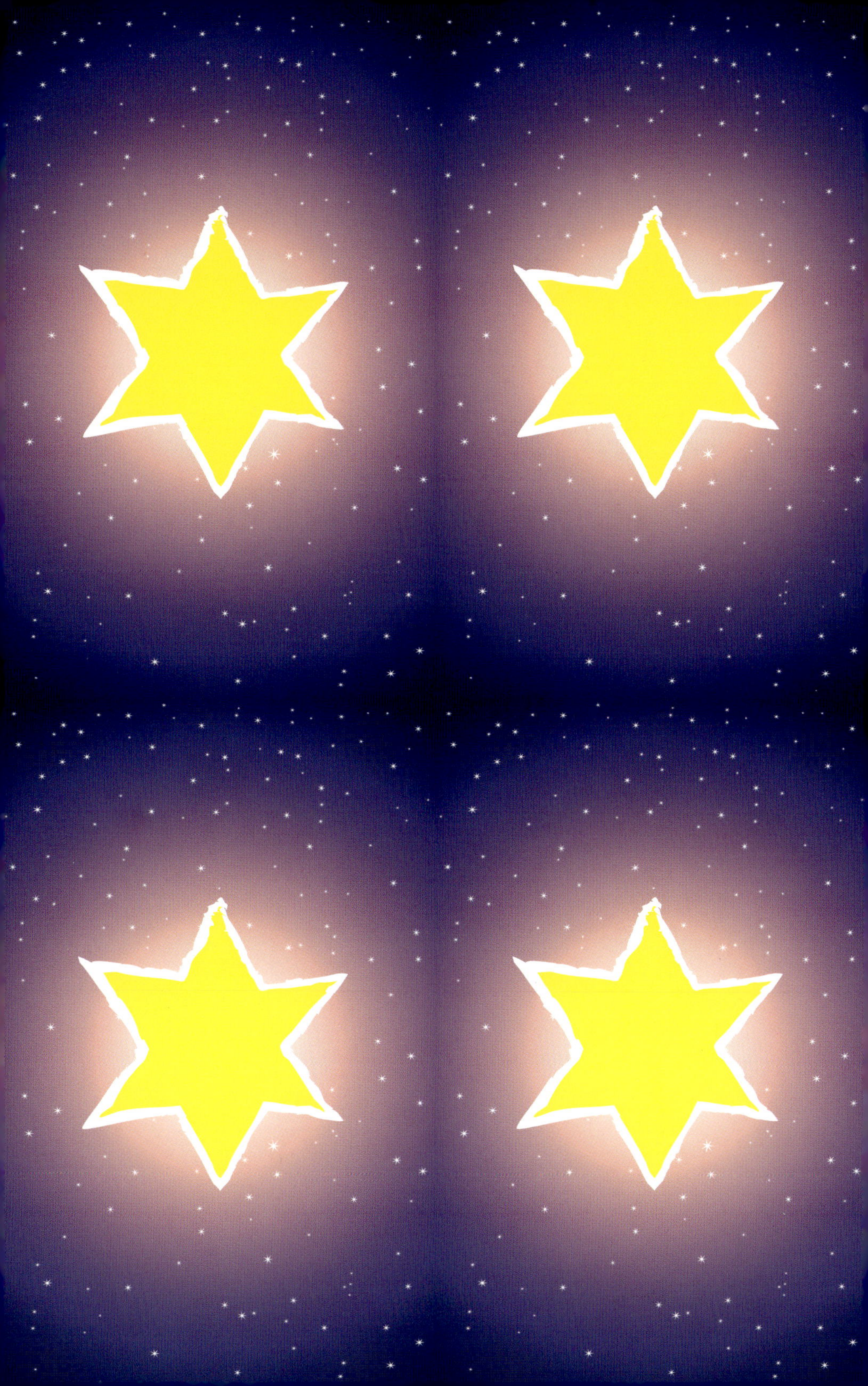

Grupo

Seguindo o passo 3 para resolver problemas interpessoais, o que pode acontecer se acharmos graça das brincadeiras que Alice faz para Paula?

Indiquem, ao menos, três consequências possíveis.

Lembrete: O passo 3 consiste em prever as consequências positivas e negativas sobre nosso comportamento.

Grupo

Seguindo o passo 3 para resolver problemas interpessoais, o que pode acontecer se insultamos e zombamos de uma colega em uma rede social?

Indiquem, ao menos, quatro consequências possíveis.

Lembrete: O passo 3 consiste em prever as consequências positivas e negativas sobre nosso comportamento.

Grupo

Seguindo o passo 3 para resolver problemas interpessoais, o que pode acontecer se você conta ao seu professor que dois colegas humilham a outro diariamente, fazendo-o se sentir mal?

Indiquem, ao menos, três consequências possíveis.

Lembrete: O passo 3 consiste em prever as consequências positivas e negativas sobre nosso comportamento.

Individual

Seu professor está contente com você. Indique, ao menos, quatro possíveis motivos pelos quais ele esteja se sentindo assim.

R: 1. Porque você se voluntariou para fazer um exercício no quadro; 2. Porque você tirou uma boa nota em uma prova; 3. Porque trouxe todos os deveres bem-feitos; 4. Porque compartilhou o lanche com um colega de turma.

Nota: Serão aceitas outras respostas similares.

Individual

Igor, durante o recreio, se sente triste. Indique, ao menos, três possíveis motivos pelos quais Igor possa estar se sentindo assim.

R: 1. Porque ninguém quer brincar com ele; 2. Porque um companheiro o insultou; 3. Porque o professor o deixou de castigo.

Nota: Serão aceitas outras respostas similares.

Individual

Camila está em casa chateada. Indique, ao menos, três possíveis motivos pelos quais Camila pode estar chateada.

R: 1. Porque está chovendo e não pode sair na rua; 2. Porque sua irmã não quer brincar com ela; 3. Porque seus pais a deixaram de castigo sem poder brincar do que gosta.

Nota: Serão aceitas outras respostas similares.

Individual

Você descobre que escreveram recados zombando de você nas portas dos banheiros e na parede do colégio. Você está magoado e não sabe o que fazer. Seguindo o passo 2 para resolver problemas interpessoais, procure, ao menos, três soluções possíveis diante do problema.

Lembrete: O passo 2 consiste em gerar alternativas sem avaliá-las nem as julgar como possíveis soluções.

Individual

Seguindo o passo 3 para resolver problemas interpessoais, o que pode acontecer se eu pegar os lápis de cor de um colega sem permissão? Indique, ao menos, três consequências possíveis.

Lembrete: O passo 3 consiste em prever as consequências sobre nosso comportamento.

Galáxia HA(bilidades) SO(ciais)
Programa de Prevenção ao Bullying

Vicente E. Caballo
Gloria B. Carrillo

PROGRAMA DE PREVENÇÃO AO BULLYING PARA CRIANÇAS ENTRE 9 E 12 ANOS

O *bullying* está se tornando um problema cada vez mais sério nas escolas. Diante do desamparo de pais, professores e alunos, os psicólogos Vicente E. Caballo e Gloria B. Carrillo projetaram e testaram uma série de sessões para trabalhar com grupos no ambiente escolar a fim de avaliar e intervir nessas situações antes que se tornem um problema de convivência ou conduta.

Galáxia HA(bilidades) SO(ciais), além de explicar o que é o *bullying*, mostrando sua realidade atual, propõe um novo programa de prevenção focado no desenvolvimento de habilidades sociais. O livro também inclui o jogo Galáxia HASO para que os alunos possam, em sala de aula, praticar e fortalecer as habilidades adquiridas.

O jogo Galáxia HASO inclui:
- 216 cartas
- Tabuleiro digital

Acesse o tabuleiro

Acesse a página do livro em loja.grupoa.com.br para baixar recursos selecionados.

PSICOTERAPIA

ISBN 978-65-5882-207-3

artmed

grupoa.com.br

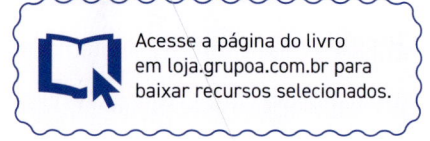